从农家子弟到共和国大使

——中国前驻奥地利大使回忆录

卢永华 著

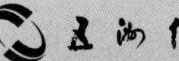
五洲传播出版社

图书在版编目（CIP）数据

从农家子弟到共和国大使 / 卢永华著. -- 北京：五洲传播出版社，2019.3
（2020.9重印）（"外交风云亲历记"丛书）
ISBN 978-7-5085-3843-3

Ⅰ. ①从… Ⅱ. ①卢… Ⅲ. ①卢永华 – 回忆录 Ⅳ. ①K827=7

中国版本图书馆CIP数据核字(2019)第040711号

"外交风云亲历记"丛书

从农家子弟到共和国大使

著　　者：卢永华
出 版 人：荆孝敏
责任编辑：高　磊
助理编辑：高倩倩
装帧设计：丰饶视觉
出版发行：五洲传播出版社
地　　址：北京市海淀区北三环中路31号生产力大楼B座6层
邮　　编：100088
发行电话：010-82005927，010-82007837
网　　址：http://www.cicc.org.cn，http://www.thatsbooks.com
印　　刷：中煤（北京）印务有限公司
开　　本：787×1092mm 1/16
印　　张：17.5
字　　数：220千
版　　次：2020年9月第1版第2次印刷
书　　号：ISBN 978-7-5085-3843-3
定　　价：36.00元

总　序

　　国际形势瞬息万变，外交工作错综复杂，做一名合格的外交官不容易。有人说外交官是用特殊材料历经千锤百炼才能造成，不无道理。

　　外交官最重要的是忠于祖国、忠于人民、不辱使命。如果说一个发展中的社会主义国家中国的外交干部与别国外交官有什么不同，那就是更要实事求是、联系实际、平等待人、勤奋好学、与时俱进，践行习近平新时代先进外交理念，以中国人民和世界人民的利益为中心，为维护和平和共同发展多做实事。

　　在任驻美大使的近三年里，最难处理的问题莫过于以美国为首的北约轰炸我驻南斯拉夫使馆并野蛮炸死我三位年轻记者，为让美方进行道歉、赔偿，我同美国人展开了一场又一场的较量；最劳心费力的莫过于台湾问题，台湾是中国领土完整不可分割的一部分，而美称霸世界，频频干涉我内政，有一回我馆上上下下为涉台问题向美方严正交涉达十多次。

　　外交部老干部笔会与中宣部五洲传播出版社联合编辑的"外交风云亲历记"丛书，就是讲外交官如何炼成的故事。老一代和上上一代外交官，都是在伟大的中国共产党和革命老前辈的言传身教下和建国初期的艰苦岁月里成长起来的。该丛书作者马振岗大使等九位资深外交官都听党的话、勤奋学习、谦虚谨慎、广交各国朋友，都令我敬佩。他们从不同角度生动记录新中国外交的点点滴滴，其中有他们自身成长的苦乐经历和不忘初心、牢记使命的人生感悟，也有各种典型的外交案例、感人的友好故事以及别具一格的异域风情。这些珍贵的回忆融思想性、知识性和趣味性于一体，对存史、资政、育人具有重要的价值，青年一代更会从中受益。

　　党的十八大以来，在以习近平同志为核心的党中央直接领导下，面对国际形势风云变幻，我国对外工作攻坚克难、砥砺前行，开创性推进中国特色大国外交，取得了举世瞩目的历史性成就。外交部老干部笔会秉承"书写多彩世界，服务和平发展"的宗旨，先后出版发行

300多部专著以及"我们和你们"丛书等十几套丛书，共约9000多万字，获得多方好评。老外交官们虽已离开外交第一线，但笔耕不辍，奉献外交的热情依旧，为新一代外交人员树立了榜样。相信他们将继续发挥自己的独特经验优势，继续为我国外交大业和人类命运共同体的构建增添正能量。

2018年10月1日于北京东交民巷

目录

序 7

前 言 9

第一章 命与运 11
    一、艰苦童年 12
    二、求学之路 17
    三、转折 24

第二章 外交生涯启航 45
    一、初涉外交 46
    二、亲历德国统一 76
    三、反思东德消亡 100

第三章 奥地利时光 129
    一、出使奥地利 130
    二、与奥地利领导人的情谊 138
    三、中国领导花絮 162
    四、民间友好往来 173
    五、文化交流 183
    六、方寸之间的秘密 196
    七、广交朋友 205
    八、崇高的荣誉 213

附录一 奥地利概况 ... 217
  一、奥地利的悠久历史 ... 218
  二、与德国人不同的奥地利人 ... 220
  三、阿尔卑斯山麓下的人间天堂 ... 222
  四、闻名遐迩的音乐之乡 ... 224
  五、富有特色的袖珍工业国 ... 227
  六、和谐稳定的福利国家 ... 230
  七、耐人寻味的中立地位 ... 232
  八、"国母"玛丽亚·特蕾西亚女皇 ... 234
  九、绝代佳人西西公主 ... 236
  十、世界顶级的国家歌剧院舞会 ... 239

附录二 已发表的有关文章和报告 ... 243
  一、中奥友好合作关系史上新的里程碑 ... 244
  二、中奥关系的现状与展望 ... 247
  三、对奥地利经济特色的看法 ... 252
  四、经典之魅——奥地利讲座 ... 259

序

不忘初心 永葆青春
——年轻同事卢永华大使回忆录序

原驻奥地利大使卢永华比我年轻。1965年,我进外交部的第二年,通过同乡兼同学卢永健(翻译家,卢永华二哥)才认识他。

那一年,这个出生在山东昌潍地区小山村,政治、代数、语文和体育都成绩好的高中生被公派到当时的民主德国留学,之后长期在驻德语区国家使馆工作。随着日月的流逝,通过自己的刻苦努力,卢永华成了资深外交官。他亲历了中德关系的变迁、柏林墙倒塌、东西德统一、欧盟建立等历史事件,对国际和地区形势的调研和思考相当深入。他任大使期间认真贯彻中央外交为民的理念,广交朋友,热诚推动经济、社会和文化等领域的对外平等互利合作和人民友谊,得到广泛认可和赞誉。

永华听党的话,牢记祖国和人民的养育之恩,爱学习、爱劳动。他母语学得好,德语水平高,曾为几代中央领导同志做口译,是德语干部中的佼佼者。他努力弘扬革命前辈的优良传统,虚心学习同事的优点和各国人民的优秀文明成果。他把工作中遇到的困难和碰到的对手也当作老师,坚定自己对祖国和党的忠诚,不断提高捍卫祖国核心利益和维护和平、主持正义的能力。

值得一提的是,永华的夫人张志京是毕业于解放军艺术学院的舞蹈家,嫁给一位外交官后,毅然华丽转身,在国外全心做好夫人外交,在国内热心公益事业。

永华同志的回忆录即将问世令人高兴。我由此记起著名美学家北京大学老师朱光潜的一句话:"每个人的生命史就是他自己的作品。"

我觉得，永华这部作品正是他生命史中最宝贵的部分，其对读者的最大启迪是，不忘初心，才能永葆青春，不断为祖国和人类进步提供有用的劳动。劳动光荣。

前外交部长

（2016年7月22日于北京、济南、上海火车上）

前　言

　　从农家子弟到共和国大使，这听起来有点天方夜谭。据说，许多国家的驻外使节大都非富即贵。例如，美国的不少大使，或企业家，或银行家，或是在总统竞选大战之中出钱出力最多者。而在我国，出身平民的使节却并不鲜见。这也可算作社会主义中国的一大优越性吧！本人1946年9月22日生于山东省胶南县（现为胶南市）泊里镇河西村一个贫苦农民家庭，在家乡初中毕业，1962年考入山东潍坊一中。1965年高中毕业后，即"文化大革命"爆发的前一年，我有幸被国家高等教育部选中派往前民主德国，先后在莱比锡和格赖夫斯瓦尔德大学学习日耳曼语言专业。从1971年起，我共计在中国驻前民主德国大使馆工作约15年，任职至一等秘书，亲历中国与民主德国双边关系的变迁，以及柏林墙倒塌和德国统一。1995年至1998年转赴我国驻奥地利使馆任政务参赞。1998年至2000年任外交部西欧司副司长。2000年8月被任命为中国驻奥地利共和国特命全权大使。2007年10月离任回国，应聘担任部分社会工作。主要译著或合作译著有：《外交官带你看世界——经典之魅奥地利》、《酒花》、《百日总理莫德罗》、《卡夫卡全集》、《卢卡契文集》等。

　　夫人张志京，毕业于解放军艺术学院，曾在二炮文工团任舞蹈女队队长兼编导，后在前民主德国获得国家级语言文凭，在我国驻民主德国和奥地利使馆以及北京外交人员服务局工作，任职至一等秘书。我们育有一子。

　　从一个贫苦农民的儿子能够成长为一名共和国使节，我将终生感激父母的养育之恩，感谢党和国家的培养，感谢领导、师长和朋友们的提携和帮助。

　　在我的外交生涯中，我有幸在美丽富饶而热情好客的两个德语区国家工作生活了30多年，特别是在"音乐之乡"奥地利担任大使的7年多的经历，与中外各界许多朋友结下了深厚情谊，更加令人难以忘怀。我为能够在中德、中奥关系的发展过程中做出自己的努力，感到十分欣慰。菲舍尔总统 2007 年底题词"衷心感谢卢永华大使夫妇在奥地利卓越的工作"。奥地利议会和布根兰州政府分别授予"和平友谊纪念章"和"考姆图十字勋章"。

我是这样幸运，作为农家子弟出身的共和国使节，在几十年的外交生涯中，能够近距离接触周恩来总理、华国锋总理、胡耀邦总书记、赵紫阳总理、邓小平主席、江泽民主席、胡锦涛总书记、习近平主席等多位党和国家重要领导人，并为他们当中许多人担任翻译；能够在德意志民族历史最为关键的时刻之一，即在柏林墙倒塌、德国重新统一的瞬间，作为一名现场见证者，等等，都使我心潮澎湃，回忆绵绵，感慨万千。我深感有责任将自己的一些经历记录下来，既总结自己的外交生涯，具有一定的档案性，又可以给予青年人以激励，同他们分享自己的酸甜苦辣。在编辑过程中难免存在记忆和编排失误，敬请谅解。

谨以此书献给我最敬爱的父亲母亲。

中国前驻奥地利大使 卢永华
2016 年夏于北京

第一章
命与运

一、艰苦童年

（一）难忘家乡

山东半岛，黄海之滨，有一个藏马县，因境内有座藏马山而得名。该山系"濒海八岫"之一，自古就有"山藏天马出，蛰古远龙飞"的美誉。藏马县1944年建制，1956年撤销并入胶南县（市），同年划归昌潍专区，1985年改属青岛市。

藏马县县城是泊里镇。顾名思义，因为该地区属于平原，地势低洼，周围三面环山，故名曰泊里。镇子北面是藏马山，西面是塔山，塔山上有两棵百年银杏树，枝繁叶茂，成为远近闻名的辨别方向的标志，南临大海，距离不过十几里。镇子周围环绕有两条小河，被划分成四个行政村，是当地重要的政治、经济、文化中心，也是颇有名气的集市，每隔五天便是大集。

泊里老家

第一章 命与运

河西村中央原来有一个不大的池塘，夏季里开满荷花，故名为荷花湾。我家紧靠湾东岸。爷爷兄弟二人，名曰维山、维祥。因为家境贫寒，只有大爷爷成家，生下我父亲元洪一根独苗，而二爷爷则终生未娶，与大爷爷一家生活在一起。两位爷爷是地地道道的农民，生性敦厚，老实巴交，胆小怕事。一位会些木匠活儿，一位擅长做点小生意。家里除了几亩薄田，还租了地主的地。父母生下我们兄妹六个，其中三男三女。一家人拼死拼活，尚勉强度日。我出生不久，头上长满了脓血疖子，俗称"脑骨疖"，其貌丑陋，使人疼痛难忍。由于贫穷，无钱就医，一家人也只能唉声叹气。我一日外出归来，进门时不小心一头撞在了门框上，顿时疖子被撞破，脓血流淌如注，接了满满一大盆。真是祸兮福所倚，福兮祸所存。感谢苍天。谁知这样一来，头上的疖子竟然慢慢消退，完全像健康人一般。当然，从此头上也留下了一些疤痕。

父亲身材高大瘦削，老来微微驼背，留有一把"神仙胡须"。他老实本分，勤劳耿直，性格开朗，通情达理。由于生活的重压和艰辛，他有时性格暴躁。母亲微胖，裹足，脸上有一些麻斑。据母亲亲口讲述，

父母亲

她娘家在临海的大庄，十分贫穷，她小时候经常同伙伴们到海边捡拾蛤蜊，一次不小心忽遇涨潮，小伙伴们四散逃命，她被海水包围，正在绝望之时，一片大浪将她推向一块礁石，捡回来一条命。老母亲慈祥憨厚，吃苦耐劳，虽然没有读过什么书，但却明辨是非。父母撑起了这个家，把我们抚养成人，自己却像蜡烛，耗尽了毕生精力。我还记得，老母亲曾经举着双手对我说，指头伸不开了，夜里生疼麻木……

为了养家糊口，除了务农，父亲有时替人做些木工活，并且还兼营一点小生意。说到做小生意，那可就是一部辛酸史了。父母烙过火烧，做过点心，卖过面条，熬过"蒿子粉"（一种海菜凉粉），卖过豆包，等等。在我的记忆里，这其中最苦的要算后三种了。当地的面条是用白面粉和着黄豆面制成，这样的面条才有嚼头儿，才更能充饥。须知，用手工揉和白面和黄豆面比揉和纯白面粉要费力得多，这是一个力气活，男人尚且费劲，更何况一个女人。据说母亲的病就是那时落下的。再说做"蒿子粉"，更是不堪回首。论说这个活计，是个技术活。须先将海产植物蒿子用水泡软，再用铁锅加水熬煮，熬煮到一定程度再添加上一定比例的明矾，使其凝结成冻，冷却后切碎，加入酱油、醋、

母亲及其儿女

蒜泥等便可食用。关键是熬煮的程度和添加明矾的比例，超过则过硬不能食用，不足则难以凝结成冻。由于整个程序均为人工操作，且又缺乏经验，难保每次都能成功。所以每次操作，老母亲总是提心吊胆，惴惴不安，生怕发生闪失。卖豆包之苦，不在于体力，而在于那个年代。那是在1959年至1962年三年困难时期，饥荒严重，每个人都饿肚子，却还要勉强做生意维持生计，其难处可想而知。

（二）"政治动荡"年代

我虽然年纪不大，但也经历了"大跃进"、"大炼钢铁"和"三年困难时期"等一些政治事件，并对此留下了比较深刻的印象。从1958年起，全国响应伟大领袖的号召，掀起了声势浩大、规模空前的"大跃进"运动。在那个"赶英超美"和"人有多大胆，地有多大产"的疯狂年代，大炼钢铁和农村大办集体食堂等创举层出不穷，挑灯夜战是常事，或参与大炼钢铁，或深翻土地……农业产量卫星一个接着一个放上天，亩产几万斤、几十万斤，当时各种报刊上都刊登过少年儿童稳坐高产稻田上端的大幅照片。后来有人曾估算过，如果真是如此高产，那么每亩田地光铺稻谷也要十几厘米厚。那几年浮夸风盛行，说是全国粮食多得已经装不下了，农村许多粮食、地瓜，等等，都没有好好收获，统统烂在了地里。为了让百姓"早日进入共产主义"，农村办起了集体食堂，即每家无须单独起灶做饭，可以在大食堂就餐。每到开饭的时候，全村人拥到食堂，一家或几家围坐在一起，可以甩开腮帮子吃喝，有的人甚至撑得弯不下腰。热闹倒是热闹了，但浪费也是惊人的。为了让"钢铁元帅"早日升帐，年产钢铁达到1800万吨，全民大炼钢铁的热潮如火如荼，各地土高炉犹如春笋般拔地而起。所谓高炉，其实就是用耐火砖砌起来大约两人高的炉子，里面加入铁矿石和煤炭、棺材板子，旁边用人工风箱拼命往里鼓气，炼出来的均是些毫无用处的黑疙瘩。我还记得，为了凑数，村干部强行向各家各户收缴所有铁制器皿，什么犁头、锁头、铁锅铁勺，等等，不一而足。父亲为了留口饭锅，以备万一，便偷偷地在火炕上凿开一个窟窿，将铁锅放在上面，平时用炕席盖住，用时再掀起炕席。因为集体食堂用餐受时间限制，也常常吃不好，所以我们有时也自己起火。但是，按规定私自做饭是违法的。为了避人耳目，我家往往在深夜做点东西充饥，即使如此，也还担心让外人看见烟囱冒烟。那时，挖掘坟墓，寻找棺材板子成风，抓狗灭狗成风。我虽是小学生，在学校里也响应号召，积极参与开出一片菜地，学大人那样深翻土地几米，希望种出上百斤的大萝卜，到北京献给敬爱的毛主席。结果令人大失所望，因为过度深翻土地，将生土翻到了最上面，什么东西也长不好。

物极必反，苍天弄人。"三分天灾，七分人祸"，大折腾的后果便是大灾难。从1959年底开始，全国发生了史无前例的大饥荒，山东省是重灾区之一。根本原因就是各地对农业产量的"浮夸风"，中央信以为真，于是便在此基础上征收沉重赋税，有的地方甚至将农民口粮、种子统统上交给了国家。当时真是饥寒交迫，野菜难寻，树皮被剥光，连枕头里面的米糠也被掏出来吃掉。为了想办法活命，父亲曾带着我一起，偷偷在河沟旁，在镇子围墙断壁上开过小片荒地种过杂粮。

我记得，当时国家向每人每月只发放十几斤救济粮，所谓救济粮，实际上只有白薯干，还有一点豆饼。豆饼原本是牲口饲料，当时却是作为营养品发放的。因为营养不良，很多人，包括我们全家人都患上了"浮肿病"，全身无力，双腿铮亮，一按一个大窟窿。每到该发放救济粮的日子，人们天不亮就去排队等候了。我也曾去排过队。领到口粮的那一刻，首先想到的是先啃上几口黄豆饼，可香了。我们村上的人，尤其是老人，饿死了不少。有人调侃称，与其说饿死，还不如说是撑死的。为什么？因为春节前夕，政府一般都向村民们发放一点白面和几两猪肉、白菜，让大家吃上一顿过年饺子。许多人肚子里长期没有油水，看见饺子，就狼吞虎咽，结果就被活活撑死了。领到那点救济粮，需要精打细算，或掺野菜，或掺糠，更多的是掺些白薯秧子面，吃起来又苦又涩，难以下咽。更可怕的是，吃了这些东西，不易消化，难以排便，有时母亲不得不用手帮助我们抠大便。市面上商品奇缺，什么都要凭票。粮票分全国和地方，米票和面票分斤和两，布票分尺和寸，还有油票、肉票、蛋票、糖票、火柴票、肥皂票、缝纫机票、自行车票、大衣柜票，等等，数不胜数。黑市上的价格则让人大跌眼镜，花生米甚至按粒来卖。

在那个时期，为了解决吃饭问题，我还曾随同二姐到西山逃荒过。事情是这样的：据说当时生活在深山里的人们要比平原地界的人吃得饱些，因为山里地多人少。于是，我们镇上的人成群结队，带上一些各自家里的衣物，天不亮就出发，徒步几十里，纷纷涌到山区，去换取一些吃食。我和二姐就曾到过西部靠近五莲的山区。当时她随身带着一件她最为心爱的，也是家里唯一的半新线毯。经过好几家人家，二姐都没有舍得将线毯出手。眼见得夕阳西下，终于来到一家人家，对方先验明了线毯成色，然后才开始谈交换条件，即可以兑换几斤白薯干。经过讨价还价，最终达成一致，一条线毯换得几斤白薯干。在交换那一刻，二姐抱着线毯呜呜地哭个不停，不肯撒手。此情此景，令我终生难忘，当时我就立下誓言，将来我一定想办法买一条新毛毯还给二姐。

二、求学之路

（一）小学初中

当时的农民子弟，无权无势，要想摆脱"脸朝黄土背朝天"的境遇，要么上学，要么参军。当地人俗称"考户口"，考上大学才能坐机关，吃上国家粮。我最初也是怀揣着"个人奋斗"的梦想走上求学之路的。镇上的人们都称赞老父亲的远见卓识。老人家虽然不识几个字，但他对我们要求很严格，望子成龙心切。冬季夜里，他常常坐在火炕一旁，监督我在算盘子上练习小九九，听我念念有词背着口诀，直到最后算盘珠显示出 1155 为止。我们姊妹六个，老父亲认准一个理，家里经济条件不管有多难，不管要吃多大苦，孩子只要想上学，能够考上，家里砸锅卖铁也要支持。后来我们家出了二哥和我两个大学生，其中之一还是留学生，当时这在我们家乡成了大新闻，同时也成了许多家庭学习的榜样。

我属于生在新中国，长在红旗下的一代。我 1946 年 9 月 22 日（阴历）出生时，家乡刚刚解放。我六岁开始就读泊里小学。记得那是一座寺庙改建的学校，教室里设备几乎全无，黑板是用水泥抹在墙上，然后涂上的黑颜色，课桌是用两个砖垛子支起来的木板。我们书包里每天都装着石板和石笔。石板有个好处，可以随写随擦。我在这里一直上到小学毕业。除了正式课程，课外我还参加过绘画组。记得有一位美术老师授课很有水平，但要求也很严格，如发现有人不注意听讲，他会用粉笔头儿打你，一打一准。

1959 年至 1962 年我在本镇的胶南二中上初中，是七级三班的学生。当时正值三年困难时期，条件非常艰苦。学校课程安排很紧，除了正常课程，早上都要上早自习。每天天刚蒙蒙亮，家里人还未起来，母亲就用三块砖头支起砂锅，将前一天剩下的白薯干和小豆腐（用萝卜和黄豆浆混合煮成的蔬菜）放进去，再添点水热好，就是我的早餐了。有时我也自己做。吃过早饭，就踏着晨光，迎着晨风，急匆匆赶往学校。每天放学回家，先是帮忙做些家务，挑水做饭，周末甚至去拾草捡粪，只有在晚上才能在昏暗的煤油灯下看书，做作业。由于长期如此，鼻孔常常被熏得黑黑的。因为本

中学时代

胶南二中文艺队

人刻苦努力，初中阶段各门功课几乎每次考试都是5分，每年都被评为"三好学生"，所以被选为学校少先队大队长，手臂上佩戴着"三道杠"。后来听说，胶南二中增加了高中部。由于胶南二中师资力量雄厚，要求严格，升学率颇高，因此成为青岛地区著名的重点学校，人们趋之若鹜。我曾被母校邀请做过报告。那里的学生，特别是高中生，为了能冲出农村，"考得一个城市户口"，整个高中三年竟能自觉放弃看电影和电视，全身心地投入备战高考。

初中阶段，我们曾响应接受阶级斗争教育号召，到附近村庄对中华人民共和国成立前国民党还乡团制造的"泊里惨案"进行过社会调查。听着当事人或其后人的血泪控诉，确实令人发指，我们受到强烈震撼。我们还学着电影上的样子组织过一次"塔山野营"。全校同学排着长队，身挎装着简单洗漱用具的小书包，徒步十多里抵达山顶。在山顶上，以各小队为单位，派岗哨、设埋伏、装地雷……像模像样，晚上在山上宿营，次日返回，大家都很开心。我还曾参加了学校的文艺演出队，表演过《扑蝴蝶》，说过相声，参加过全青岛市的普通话比赛。那次比赛，我有生第一次乘坐火车出远门，印象深刻。

（二）中考蹉跎

初中毕业后，究竟到哪里去上高中？那时，藏马县早已被撤销，并入胶南县，而胶南县被划归昌潍专区管辖。胶南县城王戈庄离家30公里，有带有高中部的胶南一中，而昌潍专区的所在地潍坊市则有全省重点学校潍坊一中。迄今为止，我校尚没有学生考入潍坊一中。据说学校原本有意保送我去县城高中，我却坚持要凭自己的实力参加中考。二中领导最后尊重我的决定，并且也为了有所突破，极力推荐我报考潍坊一中。

真是老天弄人。1962年初夏的一天，我们结伙乘坐公共汽车去县城赶考。那期间，大姐正从石家庄回家探亲，期满要返程，于是就同我一起离开了泊里。第二天开考，紧张异常，记得语文作文题是《我最敬佩的人》。天有不测风云。开考次日，忽报老家暴雨倾盆，遭遇百年不遇的大洪灾。顿时，泊里地区考生人心浮动，归心似箭。在辅导老师的极力安抚下，我们勉强完成了全部考试科目，之后一刻也不愿耽搁，便徒步赶回老家。后据小妹告知，那天夜里，响雷滚滚，震天动地，闪电像镁光灯连发，骇人心魄，暴雨像用木盆泼水，闻所未闻。睡在炕上的母亲首先惊醒，惦记着院子里的几只鸡，打算下炕去将它们抱回来。谁知双腿刚刚移到炕前，"扑通"一声，水就漫到了大腿根部。母亲感到大事不好，急忙叫醒父亲和妹妹，抓起几件随身衣物，慌忙逃离老宅。说时迟那时快，人刚迈出房门，老宅便在顷刻之间被轰然冲垮，只见院墙坍塌，大门也不知所向，到处汪洋一片。等我赶回老家，只见到处房倒屋塌，道路泥泞不堪，难民比比皆是。父母临时在后街简单搭了一个睡觉处——一张破床，上面用树枝胡乱撑着一席破蓑衣。见此情景，我不禁与母亲抱头痛哭。后来，我家被安置在大队原作仓库的一座旧宅里与另一家合住。若干年后，父母在大哥的帮助下，利用从老宅瓦砾中捡回的木料和砖块，以及从野外捡回的大门和门框，在原地恢复了老宅。

（三）潍坊三年

中考揭晓，我竟然被潍坊一中录取，成为胶南二中考入该校的第一人和本届胶南考生唯一一人。只是这一消息来得不是时候，亦喜亦忧。老家遭受严重水灾，田里颗粒无收，家中经济极为困难。虽然国家开始发放救灾粮，但要供应一个高中生去潍坊上学谈何容易。我面临着两难的选择。最终，我要继续求学的愿望得到了全家的理解和支持。记得开学的前几天，母亲就忙活起来。潍坊市离家几百公里，需要乘坐近百公里的汽车，在胶县换乘火车。在那里上学，要住校。这头一件事，即被窝问题，就难住了老母亲。从哪里去弄一套被窝呢？甭说家里没有那么多布票和棉花票，即使有，那又从何处讨还那么多钱呢？须知除了我之外，二哥还在北京上大学等钱用呢。难，确实是难。在万般无奈之下，母亲不得不将平日里用的口罩拆开当被里，用一块白布染红后做被面，再填上些旧棉花，一床被子就做成了。至于褥子，也是半人宽的旧褥子改制的。后来到了学校，红色被子褪色成了大花脸，褥子因为我夜间尿床一个盐圈套着一个盐圈，须时常晾晒，经常惹人笑话。这已是后话。总之，高中开学报名时（十八级一班），我的全部家当就是父母筹来的几元钱、用供应粮兑换的几十斤粮票、充作咸菜用的一袋炒盐粒子和上述的一套被窝。

回想在潍坊求学三年的时光，既心酸，又让人感动。乡下孩子进城，本来就像"刘姥姥进了大观园"，况且第一次长期远离家乡和父母，独自一人在外闯荡，老家又遭了灾，我是班上生活最困难的学生，当时的困境可想而知。在潍坊整整3年，我几乎很少迈出校门，直到高中毕业，我还搞不清东西南北。为了维持生计，我没钱将手中粮票直接换成饭票，因为按规定粮票中包括粗粮和细粮，如果条件允许，本可以换成两种饭票，间或在食堂购买白面馒头和米饭，可是我却不能。我只能将细粮票匀给别的同学，兑换他们手中的粗粮票，用粗粮票有时能买到玉米面窝头，而更多的时候是白薯面窝头。当时对我来说，吃饭就炒菜几乎是奢望。每到饭点儿，我在食堂买到一两个白薯面黑窝头就匆匆离开回到教室或宿舍，打开盐包，就着盐粒子就能凑合一顿。学习用具更是节俭，能省则省，笔记本用了正面用反面，有时还用一些旧书报，在空白处写字算术。高中三年，从未买过墨水，使用的是一片片像药片一样的墨水精。墨水瓶干了，放上一片，再倒上些清水，摇晃几下，一瓶蓝墨水就出来了。高中三年，用这种方法生产的墨水，不仅满足了自己的需要，危难时还帮了同学的忙。为了节省一点路费，本可以每半年放假时回家一次的，我就合起来每年回家一趟。除了节流，还千方百计开源。但那时没有别的本事，只能趁同学们午休的工夫，到学校附近的野地里割些饲料草卖钱。夏日里，烈日炎炎，汗流浃背，勤工俭学。在那几年里，只有大姐节衣缩食，间或给我们一点零花钱，接济我们，我们才得以完成学业。大姐的恩情，我们一辈子也忘不了。

庆幸的是，在潍坊我遇到了一位恩师——我的班主任夏金锋老师。夏老师是女性，大不了我们几岁，山东寿光人，和蔼慈祥，从不高声

潍坊一中班团支部迎送照

讲话。她教我们语文课。她丈夫是我们潍坊一中的党支部书记。她了解到我家的情况后，表示了极大的同情心，首先是积极联系，帮助我申请助学金。在她的努力下，我拿到了略低于烈属的二等助学金，每月5元。这对我来说，无异于雪中送炭，帮我解决了维持生活的基本问题。后来，我曾一再谈到，我是靠国家助学金长大的，没有党和政府，就没有我的今天，指的就是这件事。从此，我就暗下决心，努力学习，等将来长大了，一定要报答党和国家的培养之恩。就这样，我在自己的世界观里，逐渐萌发了一种对共产党的朴素感情。夏老师还像母亲一样对待我。每到节假日，或是周末，别的同学都放假回家了，只有我茕茕孑立，形影相吊。而她总会把我找去，和她们一家过节吃饭，没有把我当外人。我十分感动，决心将来报答夏老师的恩情。

当年，我们十八级一班在全校非常出名。同学来自本市和所辖各县市的尖子，可谓人才济济，你追我赶，学习风气甚浓；在夏老师的带领下，团结友爱，互相帮助，亲如一家；各项活动不甘落后，处处争先，经常受到学校表扬。1965年我们班高考升学率达80%以上，全年级第一。可惜受到"文化大革命"的冲击，许多考上高等院校的同学最终也未完成学业，影响了一生前程。令人扼腕的还有，受我影响而于次年从胶南二中考入潍坊一中的我的好友、大姐的小叔子，也是高才生，但由于运气欠佳，正赶上高考前夕"文革"爆发，高考被取消，他只好回乡务农。1977年恢复高考，他才考了个师范学校，毕业后当了一名中学教师，但终因沉重的家庭负担，染上重疾，英年早逝了。

三、转折

（一）机遇降临

1965年，是我命运发生重要转折的一年。那一年我高中毕业，按常规本应去参加高考，争取考上个好学校，将来能有点出息。那时，我瞄准了北京外语学院，它肯定将是我的第一志愿。这不仅是因为二哥在这所学校上过学，而更重要的是，我羡慕外交工作，热爱外语，在高中阶段英语成绩优异，曾担任过英语课代表，愿为外交献身。可是，人算不如天算。就在毕业前夕，我校接到的上级通知称，鉴于形势发展需要，国家高等教育部决定在全国范围内从应届高中毕业生中选拔留学生，准备派到国外学习。这次又要感谢我的贵人夏老师，是她根据上级要求，即根红苗正，拥护党和社会主义，身体健康，有一定外语基础，推荐了我和同班的张姓同学两人。经过一系列严格政审和体检之后，当时还没有结论，学校让我们回家等候消息。在这种情况下，我没有参加当年高考，离开了潍坊一中，回家静候佳音。

1965年夏季，我是在老家度过的。我一边尽可能地帮家里做些活计，一边忐忑不安地等候着消息。烈日下面，我常常穿着短褂短裤，赤着双脚，出现在田间地头，或是街头巷尾。有一天天近中午，镇上邮递员骑着自行车直冲我而来，手里高高举着一封信，大声喊道："北京来信了！"我接过来信，一溜烟跑回家，边跑边喊："北京来信了！"手捧国家高教部通知我到北京参加集训的来信，全家都乐开了花，同时七嘴八舌地议论起来。老母亲恋恋不舍地端详着我的脸，嘴里喃喃道："孩子，那么远的地方，咱们不去行吗？"真是慈母手中线，游子身上衣。临行前，母亲专门扯了几尺卡其布，亲手为我做了一件崭新的上衣。我记得这是我有生以来穿的第一件新衣服。

我按通知要求，算好日子，提着一个旧旅行袋就出发了。在潍坊作短暂停留后，我与老师和同学们告别，然后同张姓同学一起，途经济南与来自菏泽等地区的另几名同学集合。在济南稍事停留，我们便一起奔赴向往已久的首都——北京。一路上，我的心情异常复杂，有对父母和亲人的眷恋，有对未来的憧憬和迷茫，也有对沿途风光的好奇……

（二）北京集训

来自全国各地的学员足有几百人，有肄业大学生，还有应届高中毕业生，齐聚一堂，被安排在位于西郊魏公村的中央民族学院下榻。没有征求个人意见，不知根据什么标准划分了班和排，选了各级领导，初步确定了所派往国别。当时中国建交国家比较少，在德语区只与社会主义的德意志民主共和国（简称"民主德国"或"东德"）建有正式外交关系，因此我拟被派往民主德国。集训采取"军事化"管理方式，条件优越，生活很好，要求严格。平日里主要是听取关于国际国内形势的报告，还有关于外事纪律的教育，间或组织一些参观访问。我在空闲时间开始阅读一点介绍东德的书籍，关注有关东德的信息。有时也去看望尚在北京外语学院读研究生的永建二哥。这样的日子过了一个多月。在我们的心里，只等一声令下，就将各自奔向不同的国家，何时派遣只是个时间问题了。

然而，天有不测风云。据说由于民主德国属于社会主义阵营，是苏联卫星国，唯苏联修正主义之命是听，而当时中苏关系开始恶化，中德关系也有恶化的苗头。德方单方面撕毁两国文化协定，拒绝全部接收原定数量的中国留学生，只能接收一少部分。有鉴于此，高教部决定在拟派往民主德国的学员当中挑选部分曾经学过德语的进修生和大学生继续派出，其余人员由于错过了高考，可以任选一所学校，然后回家等待9月开学。我们没有机会外派的同学暂时被安置在外语学院学生宿舍楼。山东来的几个人，只有菏泽的江姓女同学有幸被选中派出，据说因为她曾在学校当过班干部，而我们从潍坊来的两位可惜落选，张姓同学确定北京语言学院后便回家了。

（三）峰回路转

面对这突如其来的变化，按理说我也应该选所学校，然后回家等待开学。在这关键时刻，是二哥做出了一个英明决策，改变了我的命运。我们在商量我究竟何去何从时，他认为，我回家与否没有多大意义，因为家中实在困难，回家一趟既拿不到钱，也拿不到铺盖，还白白浪费了路费，还不如等到开学，再申请助学金。我同意了二哥的意见，就这样继续待在北京。时间一天天过去了，眼看大学开学在即。

世界上果然有神使鬼差，峰回路转，柳暗花明。忽然有一天，有个紧急电话在四处找我，通知我立即赶到留学生集训地报到，办理出国手续。当时，我真是丈二和尚摸不着头脑，只能赶紧按通知要求办理。先办手续，再到当时特设在东华门大街的出国人员服务部领取了两个帆布皮箱，以及配发给每人的一件呢子大衣、两套中山装、毛衣毛裤、衬衣衬裤、背心裤衩、袜子毛巾、肥皂牙膏，等等。在一两天之内，将所有东西置办齐备，便匆匆与一名来自《北京周报》的龚姓女同志登上北京至莫斯科的列车出发了。事后我听说过一个未经证实的故事：在首批选派到民主德国的学员名单上，有一位来自南京大学的进修生。出发前夕，领导要照例检查每人所带行李，看有无"违禁品"。据说领导在那位进修生的箱子里，发现了一套假发。众所周知，在那个极"左"思潮泛滥和封闭的年代，假发被认为是资产阶级的东西，万不可碰的。那位同学争辩称，这是带给他的外国女教授的。尽管如此，还是通不过，领导坚持要他不要带，但他却执迷不悟，拒不执行。结果可想而知，他被取消了外派资格。领导从拟派的曾学过德语的大学生中递补了一位进修生，而空缺出来的这个大学生的名额也需要顶替。由于当时除我之外，所有人都回家了，并且时间又很紧迫，我便成了唯一人选。等到其他同学返回北京，听说这个消息，无不懊恼万分，但后悔也晚矣。这个故事，我很少对人说起过，因为我多少还有点儿迷信"天机不可泄露"，同时我也时常暗暗感恩上苍如此眷顾于我。

（四）留学东德

1. 首乘国际列车

从北京到民主德国的首都柏林，相距万里之遥。由于当时我们国家财政还不宽裕，为了节省外汇，公派出国人员很少乘坐飞机，多是乘坐国际列车。从北京到柏林，历时近八九天，中间要在莫斯科转车。而从北京到莫斯科的国际列车有两趟，一是我国列车途经二连，二是苏联列车途经满洲里。我们基本上是乘坐中国列车。中苏铁路轨道宽窄不同，所以火车要在中苏或中蒙边界换轨，就是将车厢高高吊起来，然后将钢轨换掉，程序很复杂，每次需要一两个小时。从北京到莫斯科大约需要 5 天。国际列车相当舒适，每间车厢有四个床铺，每列火车还有餐厅，火车在哪个国家运行，就挂哪个国家的餐车。我们很少到餐厅用餐，尤其是不到蒙古餐厅用餐，因为我们害怕那种羊膻味道。人们在火车上可以看书、聊天、散步，欣赏沿途风景。为了打发时间，也为了省钱，我们还经常和列车员一块做饭。在列车上看风景，是人

乘国际列车去留学

生一大享受，特别是当火车行驶在蒙古国，虽然黄沙遍地，偶尔也会看到绿洲，或者雪山，蒙古包上面袅袅炊烟，牧人赶着羊群或马群；而在西伯利亚大平原，则别有一番景象，蓝天白云，路边草原和桦树林无边无垠，不禁令人感到俄罗斯的广袤，火车行驶在贝加尔湖畔，又会感到俄罗斯的无穷魅力。

第一次乘坐火车赴柏林，心中惴惴不安，甚至有些胆怯，并无多少闲情逸致去观赏沿途风光，品味风土人情，因此印象并不深刻。只记得当时苏联铁路两旁女工比较多，且多是"橡皮腿"，即使在寒冷的冬天，她们也是光腿穿裙服，久而久之，双腿便变得粗肿起来。还记得在莫斯科转车时，我曾到过我国驻苏联使馆。大使馆很大，坐落在列宁山上，除了办公楼、宿舍楼，院子里还有个湖泊，可以划船、钓鱼。后来乘车来往次数多了，经验逐渐丰富，才逐渐成熟起来。

2. 柏林印象

自从火车驶过奥德河畔法兰克福进入东德境内，我们变得更加紧张，盼着早日到达柏林，见到我们使馆自己人。幸亏龚女士是进修生，德语专家，应付自如，我们才安全抵达目的地。二战后，德国被四国占领，1949年西方三国占领区合并，成立了联邦德国，苏战区成了民主德国，东西德分属两个军事集团；柏林虽在苏战区，但也被四国分区占领，后来也分成了东西柏林，东柏林定为民主德国首都，西柏林却成了一个孤岛，西德宣称西柏林归它管辖，东德则坚持西柏林系"一个独立的政治单位"，1961年8月13日开始修建了长达100多

苏军攻占柏林

公里，平均高度为 3.6 米的柏林墙，将西柏林围了起来，在边界处每隔一段就有一个岗楼，中间还设有隔离带，据说铁丝网上还有自动射击装置。围绕德国统一和西柏林的归属问题，双方争论不休，直到 1990 年德国实现重新统一。1965 年我所见到的社会主义的民主德国，战争创伤似乎尚未完全医治，除了斯大林大街（后改为马克思大街）两侧新建的火柴盒般高楼外，许多建筑黑黢黢的，仿佛被炮火烘烤过，还有一些残垣断壁没来得及修复。总之，那时的东柏林给我的印象就是破旧，晚上漆黑一片，政治气氛仿佛还有一些紧张。

东西柏林虽只一墙之隔，但却有天壤之别。西柏林建筑比较现代化，晚上明亮如同白昼，灯红酒绿，花花世界。"中华民国"政府在新中国成立前设立的大使馆就在西柏林最繁华的库达姆大道旁的康德大街上。中国西德 1972 年建交后，这处房产由我们接收，后来由于要在汉堡设立总领馆而缺乏资金，不得已就将这座房产卖掉了。东西柏林之间有几个关卡相连，东德当局在关卡处设立了各种障碍物，例如排列成弯弯曲曲通道的铁柱，以防有人闯关。东德人没有特殊批准，一般不让去西柏林，而驻东德外交官持护照或外交官证件可以来往，西德和西柏林人则可以前往东柏林，西德甚至还在勃兰登堡门一段的西柏林一侧设立了"望乡台"，供人们瞭望东柏林。

柏林电视塔

中国大使馆原在卡尔·霍斯特大街，离东柏林动物园不远。这里也曾是苏联驻军司令部所在地。使馆租用了两幢小楼，相距百多米，一幢为4层，主要是办公楼，有少部分宿舍，底层有会客室、宴会厅，和一个可以容纳百多人的电影厅，楼上有会议室、办公室和机要室等机要部门；另一幢主要是宿舍，底层为食堂。办公楼的保密措施很严格，一般生人不许上楼，我们留学生也不允许，所以我在留学前期几乎不知道楼上的结构。使馆办公楼对面是新华社驻柏林分社，一条马路之隔。大约是在20世纪70年代末，中国大使馆搬到了潘可夫区的海因利希·曼大街，面积扩大，中间还有一个小院子，可以散步，打篮球和排球，靠近柏林墙。该区是东德高级干部聚集的地方，因此西德也称东德政府"潘可夫政权"。我们抵达东柏林的总车站后，被接到大使馆，经过几天的休整，包括介绍情况、纪律教育，便被送到了此次留学的终点站——莱比锡，与先期抵达的同学们汇合。

3. 抵达莱比锡

莱比锡是东德的第二大城市，在当地古语中是种有菩提树的地方，位于柏林以南165公里，人口50.8万，始建于1165年，是个著名的商业文化城市。德国大文豪歌德十分喜爱这个城市，称其为"小巴黎"。这里有世界著名的博览会，每年春、秋各举办一届，1895年举办了首届样品博览会，1918年又举办了首届工业技术

东柏林亚历山大广场

第一章 命与运

博览会。莱比锡中央火车站是欧洲最大的火车站，建筑师为德累斯顿的威廉·罗索和汉斯·马克斯·库纳。火车站于1915年12月4日完工，占地3万平方米，有26个站台，其最大特点是对称设计，1943年至1944年空袭中遭到破坏，1998年重新进行了现代化装修。"莱比锡大会战纪念碑"也是该市的标志之一，是纪念联军打败拿破仑而修建的。1813年10月16日到19日，由俄罗斯、奥地利、普鲁士和瑞典组成的联军约30万人，与由拿破仑一世统帅的法国、莱茵联邦组成的大军约20万人，在莱比锡城门口展开了最为激烈的一场决战，反法联盟损失5.4万，法军损失3.7万，会战直接结果是拿破仑一世在德意志的统治最终崩溃，莱茵联邦解体。纪念碑由柏林建筑师布洛诺·施密茨设计，1898年10月18日奠基，1913年10月18日落成。据说全部建筑费用是靠卖彩票的收入。碑高91米，500级台阶，正面是高达10米的英雄浮雕，顶端是4个持剑而立的巨型战士。音乐大师巴赫曾经在哥特式大教堂托马斯教堂担任乐长20多年，托马斯合

莱比锡市政厅

莱比锡博览会

莱比锡火车站

巴赫雕像

莱比锡各国人民战争纪念塔

唱团至今盛誉不衰,门德尔松1843年创办的一所音乐学院成为世界著名的门德尔松音乐学院,著名的格万豪斯交响乐团历时也有200多年。这里还有闻名遐迩的卡尔·马克思大学,歌德在其巨著《浮士德》中提到过的奥厄巴赫斯地下室啤酒馆,等等。但整个城市仍显得很破旧,新建筑并不多。

4. 留学岁月

中国留学生当中,有一部分是1964年来的。他们和这次来的进修生大都住在赫尔曼·东科尔大街,我们几个大学生和辅导员则被安排到距他们有一段距离的卢蒙巴大街,注册并就读于赫尔德尔学院,相当于北京的语言学院。个别进修生分散住在附近。为了便于管理,全体中国学生成立了一个自己的学生会,其中党员成立了一个党支部。我们很少到使馆去,只有放假时才去传达文件和进行政治学习。根据双方协议,德方每月发给我们生活费大约190个东德马克,到年底由两国政府有关部门结算。我们生活基本有保障，集体起伙，早餐很简单，只有面包、黄油、果酱和牛奶。由于我当时年龄最小，活泼可爱，年长的同学总喊我"小胖儿"。为了保密起见，我们当时与国内亲人联系是通过外交部信使，每月一班，即家里人将信件寄往外交部，再由信使带到使馆。

对于我们来说，最主要的任务就是学习德语。我们这批大学生当中，只有两人在中学学过德语，多数人并没有学过。据说，英语是越学越难学，而德语则是自始至终都很难学，开头更难学，因为它分性、数、格，动词可分，有一部分要放在句子最后，从句的动词也要放在句子最后，有许多话要等到讲话人讲完了才能明白，难以同声传译。这对于我们几个从来就没有学过德语的同学来说，其难度可想而知。然而，既然国家派我们出来，信任我们，寄厚望于我们，我们就不能辜负国家和人民，就要知难而进，有条件要上，没有条件创造条件也要上，明知山有虎，偏向虎山行，天下事难不倒共产党员。这对于我来说，更是机会难得，我暗下决心，一定要啃下这块硬骨头。我们和几个来自柬埔寨、蒙古和塞浦路斯的学生混合拼成一班，唯有我们中国学生的外语基础最差，只在中学时期学习过一点英文。我们当时的做法就是：一是上课认真听讲，细心做笔记。我记得我们的任课老师有两位女士，一胖一瘦，胖老师有些急躁，瘦老师则比较耐心。对于我们这些每天听课如同"听天书"和腾云驾雾坐飞机的中国学生，胖老师心急火燎。记得有一次讲德语单词"尖"，我们不明白，她就又是在黑板上画，又是拿起桌子上的铅笔比画，最后干脆脱下了她脚上的皮鞋，用手指着前端，我们终于弄明白了，谢天谢地，这一课竟成了我们永远的记忆。第二是虚心向周围的同学学习，包括中国学生和外国学生。我们中国同学中，有两人在国内学过一些德文，有些基础，于是他们就成了我们的课外先生，遇到难题就向他们求教。再就是向外国同学请教。可以说，我们当时的境遇，真有点像鲁迅先生所说，我们真是把别人喝茶和打扑克的时间都用在了学习上，不分白天黑夜，不分节假日，仿佛是在进行一场激烈的"攻坚战"。第三是求助于我们的进修生。他们有的已经大学毕业，有的已经上了几年大学，德语娴熟，经验丰富，他们成了我们当然的辅导老师。组织上也做了这样的安排。大约每到星期天，我们便结伴到赫尔曼·东科尔大街，以小组为单位进行辅导。就学习德语而言，我并没有感到特别困难，也许因为自己爱好，学习也有一些小窍门，并且特别用功，记忆力也好，所以成绩优异，有时还超过曾经学过德语的同学。功夫不负有心人。经过我们的不懈努力，成果逐渐显现，德语水平有明显提高，一年之后竟也能大体听懂老师授课的内容了。

在莱比锡留学期间，我们偶尔也参加一些当地组织的活动，例如我们参加过与其他国家留学生的联欢会，还参加过学校组织的一次声援越南献血活动。现在回想起在莱比锡献血的一幕，仍然心有余悸。当时听到献血的消息，中国学生争先恐后纷纷报名。抽血的那天，需要空腹，只喝了一杯白糖水。我们身体健康的人，抽血后只感到有一点头晕。可是有一位女同学，身体孱弱，血管过细，血愣是流不出，情急之下，医生不管三七二十一，竟然用双手硬挤起来，女同学差点休克。我们大家愤愤不平。由于当时极"左"思想禁锢着人们的头脑，阶级斗争的弦绷得很紧，对于留学生周末舞会自然不敢问津，甚至连看都不敢看一眼。平日里，我们也组织一些参观访问活动。总而言之，我在留学东德的前期，无牵无挂，生活愉快，充满阳光。

（五）"文革"插曲

1. 国外"红卫兵"

大约从1966年下半年起，国内"文化大革命"如火如荼，运动讯息不断传到使馆，什么"红卫兵"，什么"战斗队"，什么"破四旧"，什么"打倒党内走资本主义道路的当权派"，等等，不一而足，使馆工作人员也陆续分批调回国内参加运动。由于驻外人员对"文化大革命"不甚理解，对国内运动情况缺乏了解，所获信息有时又相互矛盾，闹得人心惶惶。据说，中国驻欧洲某国临时代办因为有些历史问题，害怕被"造反派"揪回国内批斗，于是便三十六计走为上，脚底抹油叛逃美国了。

　　我们留学生倒是没什么顾虑，甚至还感到备受鼓舞，一方面强烈要求国内有关部门召集我们回国参加运动，另一方面也学着国内"红卫兵"的样子，"破四旧"，成立革命组织。当时我们也不知道成立什么组织好，正好赶上国内号召学习为保护人民财产而英勇牺牲的解放军战士刘永俊，我们成立的组织就命名为"刘永俊小组"，搞"忆苦思甜"，要求减少自己的津贴。"破四旧"首先从自身做起，不穿西装而改穿中山装，将过去所有穿西装的照片统统销毁，并且还学着国内"红卫兵"搞"大串联"，我们有两位进修生在距离莱比锡几十公里的迈瑟堡学习，于是我们就选定一天，老早起床，排着队徒步向迈瑟堡进发。记得那天行至中途，天飘起了雪花，我们更是雄赳赳，气昂昂，一边背着主席语录，高喊着口号，一边走得更加起劲了。

　　直到这年年底，国内高教部才决定召回我国派驻所有国家的留学生回国参加"文化大革命"。我们是1967年春节前夕离开柏林的。记得我们大家登上东去的列车时，激情满怀，车厢里响起了高亢的《国际歌》声，歌声在整个东柏林中央车站回荡，让人热血沸腾。而周围候车的东德百姓则被弄得摸不着头脑，感到莫名其妙。

　　后来听说，毛主席1966年所发出的"九九指示"，即中国外交要"来一个革命化，否则很危险"，是源于奥地利共产党的一封信。奥共中央曾经致信中共中央，称中国外交官在国外西装革履，还乘坐外国汽车，与革命化相去甚远，不符合毛泽东思想，建议予以改革。可见当时毛泽东思想在世界范围传播和影响已达到何种程度。

2. "红场事件"

　　我们从柏林出发回国之前，在莫斯科发生了著名的"红场事件"。事情经过是这样的：1967年1月25日，我国留法和留芬兰的69名学生先于我们途经莫斯科回国。他们抵达莫斯科后，要求去瞻仰红场上的列宁墓。就像我们参观毛主席纪念堂一样，按照规定，参观群众，不管是当地人，还是外国人，都要排队，依次入内。广场上有苏联警

莫斯科红场

察维持秩序。可是,我们的留学生小将们却滞留在列宁墓入口处,排起队伍,手捧红宝书,高声念起了打倒帝修反的主席语录。这一举动,明显影响正常秩序,苏联警察上前干预,于是与中国留学生就发生了冲突,我方有的人员流血受伤。当时正值"文革"高潮,极"左"思潮泛滥,这批受伤留学生便被封为"反修英雄",国内派出专机接他们回国。这一事件激起了全国人民的极大愤慨,北京群众连日自发到苏联驻华大使馆前示威游行,抗议苏修的法西斯暴行。与此同时,莫斯科的居民也涌到中国使馆门前,举行游行示威。对此,我们还到苏联驻东德使馆递交过抗议信。

等到我们抵达莫斯科,国内已有指示,我国留学生不准再去红场。但是,面对包围我们使馆的苏联"暴徒",我们坚决要求参与使馆的保卫工作。我记得那晚正是1967年春节除夕,我们分成几个小组,每个小组守卫一个办公室。房间内电灯关闭，漆黑一片，我们躲在厚厚的窗帘后面，室内准备了许多空玻璃瓶和沙袋等"武器"，时刻准备迎击敢于来犯之敌。列宁山上天空阴沉沉的，飘着雪花，地上积满了厚厚的一层雪，气温达零下数十度，几十个苏联人聚集在使馆铁栅栏外面，一面不停地跺着双脚，一面还在呼喊着反华口号。我们就这样足足对峙了一整夜。我们也算过了一个"革命化的春节"。这一夜的情景，我终生难忘。

3."文革"经历

我们到达北京后发现，北京已成一片红色海洋，红旗招展，红宝书连成一片。同时国内几乎已成无政府主义状态，机构瘫痪，许多单位被"造反派"夺权，高教部也不例外。我们被临时安置在西郊外国专家局所属的友谊宾馆，靠近人民大学，每人得到了一套没有领章的海军蓝棉衣，每月还可以领到一点津贴。不久，受到社会上影响，我们留学生中也开始组成了不同的战斗队，与北京的"天派"、"地派"遥相呼应。

为了表现对主席的忠诚，突出自己的造反精神，当时的各个群众组织，相互竞争，一个比一个"左"，一个比一个"革命"，当然也有少部分人充当了"逍遥派"。他们先是跑到国家高教部造反，参加批斗那里的当权派。等到高教部的当权派成了"死老虎"之后，他们又转战到外交部，参加各个驻外使领馆回国人员批斗各自大使、参赞的运动之中，开批斗会，写大字报，等等，战斗氛围也相当浓烈。当时，斗争的矛头主要集中在批判外交方面的"三和一少"和"三降

红卫兵

一灭"（注：文革专门用语，即 1962 年上半年，中联部部长王稼祥等人提出对外政策建议，后被概括为"三和一少"和"三降一灭"——对以美国为首的帝国主义、以苏联为首的修正主义、以印度为首的各国反动派要和，对民族解放战争和革命运动的援助要少；投降帝国主义、修正主义和各国反动派，消灭民族解放运动）。人们可以发现，开始的大字报基本上是揭批大使参赞的，后来就有批判部领导的，包括陈毅、姬鹏飞、乔冠华等人，当然也有反驳的。外交部的运动也与全国各地的运动紧密相连。湖北发生"武汉事件"之后，外交部就出现了打倒王力、关锋、戚本禹的大字报。

在这期间，清华大学造反派组织过王光美批斗会。刘少奇主席夫人王光美，身穿旗袍，脖子上挂着一串乒乓球，被打扮得像是"出访"印度尼西亚的样子，形象甚是凄惨。据说清华造反派把王光美诱骗出来，带到这里来的。与她同台被批斗的还有其他一些"走资派"。在"文革"高潮当中，1967 年 8 月 22 日，还发生过一起震惊中外的"火烧英国代办处事件"。如此等等。极"左"思潮严重干扰了中国的外交政策。

有一段时间，我所在红卫兵组织调我去编写《世界人民热爱毛主席》丛书。我们根据自己在国外的亲身经历，将看到的、听到的各国人民热爱毛主席的故事编撰成册，广为散发，产生了一定影响。

4. 总理关怀

眼看运动进入后期，我们陷入了无所事事的状态。下一步怎么办？正在我们彷徨不定的时刻，周恩来总理百忙之中于 1967 年 12 月 17 日在中南海接见了我们。记得他老人家虽然为国操劳，心力交瘁，但见到我们时却显得很高兴，问长问短，还向留法同学问到巴黎还有没有羊角面包和面包棒，价格如何，等等。可惜因为我们留学生出国时间比较短，待遇比较低，又严格限制单独行动，学习课程也很紧张，很少有机会接触社会，对当地社情民意了解得很少，难以给予总理一个满意的答复，总理显得有些失望。最后，他老人家满怀深情地嘱咐

1967年,周恩来总理在中南海接见部分留学生代表。(第二排左五是作者)

大家,毛主席语录不能乱用,对苏联、东欧人民的宣传也不能强加于人。每个民族都有民族自尊心,强加于人,会引起反感。他还说,如果有可能,你们还应该到国外继续学习,将来国家还是需要你们这样的人才。接见持续了有将近一个小时。听着总理的殷切期望,看到总理那憔悴的面容,我们分外感动,还有几分悲凉。总理接见后,我们搬到了外语学院学生宿舍楼,等候我们驻外使馆交涉结果,因为我们当时是请假回国参加"文革"的,按道理说我们是可以重返学校的。

(六)重返东德

1. 再次"政审"

盼星星,盼月亮,我们终于盼来了来自驻东德使馆的好消息,德方同意我们返校。可是,许多留学其他国家的同学却没有我们这样幸运,他们大都被对方拒绝了。据说是因为对方担心,如果我们这些同学返校,在当地闹起"造反有理",他们就受不了了。这些同学后来被分配到各个中央机关,分到外交部的则随其他干部去干校劳动锻炼了。原本应该返回东德继续学习的同学共有5人,3男2女,可是最终只有我们3个男同学。据说是在2名女同学当中,有1名同学出身高干,其父是某个单位的"当权派",还没有最后定性是"敌我矛盾"还是"人民内部矛盾",因此那位女同学目前尚不能外派,而这样一来,另一位女同学受到牵连,也不能出国了,因为领导担心一个女同学单独出国不安全。真是命运捉弄人,政治运动耽误了多少人的前程。

2. 转学格城

1968年上半年,我们3名男同学乘坐国际列车重返民主德国。可能是东德当局担心我们闹事,是不安定因素,也可能出于其他原因,我们并没有再回到莱比锡,而是被安排到东德北部距离波罗的海不远的较小的大学城格赖夫斯瓦尔德,继续我们的学业。我们三人与德国同学共住一个宿舍,是个简易楼,楼里有厨房、卫生间和浴室,条件挺不错。学校课程也很轻松,记得一个学期就讲歌德的《浮士德》,比较深奥难懂。当时,我们生活很简朴,三个人搭伙。早餐是传统的

留学生合影

西餐，中午和晚上自己做。一只鸡可以吃上三顿，第一顿用两只腿和一对胸脯肉，第二顿则将鸡骨头上的碎肉撕下来煮面条，第三顿就用鸡骨架子加些圆白菜炖汤。

根据使馆要求，我们当时一个很重要的任务就是随时随地宣传毛泽东思想。为了与周围外国同学拉近关系，打成一片，使馆还无偿给我们提供一些香烟、茶叶、书籍之类的东西，让我们请客送礼。我就是那个时候学会吸烟的，因为与其他同学交往，每次递上香烟，需要陪同，我便被推荐成为那个陪同的人，先抽不花钱的烟，逐渐就自己掏钱买了。当时，我们结交了不少德国和越南的朋友。

我们在格赖夫斯瓦尔德学习期间，经常被使馆借去帮忙，特别是被派到东德在波罗的海的港口城市罗斯托克，参加接船。罗斯托克不仅是个重要的港口，而且造船业很发达，中国每年都从这里购买若干远洋巨轮。中方几乎常年在这里设有监造组，监造组工作量很大，有时需要我们帮忙。我还有幸参加过试航，乘着刚刚出炉的巨大货轮航行在漫无边际的波罗的海上，迎着初升的旭日，风平浪静，周围海鸥滑行着，发出尖叫声，伴着轮船的汽笛声，令人心旷神怡。

东德罗斯托克港口

中外留学生合影

按照国内计划，我们三人本来学习一两年就可以毕业，参加工作了。但每每国内催问，使馆总是答复还不行，还应再学习学习。直到1970年夏季，使馆领导宣布我们正式毕业。毕业考试时，三人中我的成绩最佳，是 1 分，即优秀。德国的计分方法是，1 分最好，5 分最差。现在回想起来，我们的德语能够达到如此水平，并且胜任工作，圆满完成任务，这也要感谢当年的馆领导对我们的一再挽留。由于当时"文革"所造成的混乱局面，我们那批留学生实际上并没有获得真正的文凭。后来国内高教部同意补发正式文凭，按年限统一将我们定为 1969 年本科大学毕业生。

# 第二章
外交生涯启航

一、初涉外交

（一）从零做起

1. 使馆之谜

我们三人从格赖夫斯瓦尔德大学毕业后，我和刘姓同学留驻民主德国使馆，另一位则被分配到中国驻奥地利使馆。我估计中国使馆与其他外国大使馆大同小异，内部设置和工作任务都差不多。当时中国驻民主德国大使馆俨然像个小联合国，下设政策研究室（外交部）、经商处（商务部）、文化处（文化部）、科技处（科技部）、教育处（教育部）、武馆处（国防部）、领事部（外交部）、办公室（外交部）等部门，干部来自国内各个部门，馆长（大使或临时代办）负总责，即大使或临时代办是中国在驻在国的最高行政长官。

一般来说，一个国家的驻外大使馆，其工作任务大致为：（1）调查研究，对驻在国和驻在地区的政治、经济、社会等形势和情况进行追踪研究，随时将结果和建议报告国内，供国内决策参考，充当中央的"耳目"。每个使馆在开展这项工作时，主要依靠公开材料，即报纸、广播、电视等，其次是与当地政府部门与民间的接触，第三是使

驻东德使馆原馆舍

团之间的信息交流。使馆各处室既有分工，又有协作。使馆与国内通过自设电台联系。（2）推动与驻在国在各个领域的友好合作关系的发展。（3）负责接待国内来访团组，指导他们工作，并且提供协助。如果有国家领导人来访，准备接待任务则成为全馆头等大事，有时还要从国内或附近使馆借调人员帮忙。（4）维护国家的核心利益。各国都有涉及主权和领土完整等方面的核心利益，就我国而言，主要是涉及台湾、西藏、人权、法轮功等问题。一旦发现情况，立即要向驻在国进行交涉。（5）外交为民，代表国家保护海外中资机构和华侨华人的合法权益。（6）稳定使馆队伍。周恩来总理在建国初期就把中国外交人员定性为"文装解放军"，就是不穿军装的军队，提出了总要求：站稳立场，掌握政策，熟悉业务，严守纪律。总理的教导，始终是我们的座右铭。

使馆人员中，随员以上为外交官，分为随员、三等秘书、二等秘书、一等秘书、参赞（可设政务、商务、文化、科技、教育等参赞，还有武官）、公使衔参赞、公使、大使，持红皮外交护照，享受外交豁免权；其余人员，

驻东德使馆馆舍

包括刚参加工作的大学生和工勤人员,即厨师、司机、招待员,均属使馆工作人员,持蓝皮公务护照,不享受外交豁免权。按照我们国家规定,只有大使可以每年公费回国一次,称之为述职休假;除此之外,遇到驻在国国家元首或政府首脑访华,大使要回国陪同访问;大使还可能随时被召回参加各种会议。其他人员一般每次任期四年,中间公费回国探亲一次。工勤人员一般任期两年,中间不休假。

"文革"之前,由于我国建交国家有限,外交人员也不多,国家曾经对他们实行过供给制,有的外交官全家都在国外生活。"文革"以后,情况发生了很大变化。由于中国外交官自发要求削减工资,有的同志将多年积蓄作为党费上交给了国家,外交人员从此开始只发少量补贴,即国内发基本工资,国外发部分补贴,这就是国内百姓长期所误解的,中国外交官享受"双工资"待遇。有相当一段时间,中国外交官的配偶也不准随任,包括大使夫人,一是因为极"左"思潮作祟;二是因为经济困难,缺少外汇;三是因为部分配偶不愿或不能随任,因为家里老人、孩子需要照顾,并且一旦随任,原来的工作位置就有

东柏林苏军纪念地

可能被别人占去。于是，中国驻外机构在"文革"期间成了"和尚庙"，外国人和媒体对此猜测颇多，其中之一妄评中国政府为防止外交官叛逃，不让他们的配偶随任，而将配偶当"人质"。后来，随着我国经济形势的好转，特别是改革开放以来，我国经济实力日益增强，外交官的待遇逐步改善。这期间进行了多次改革，最终我国实行国外工资制，即停发国内工资，全部改发国外工资，战乱、困难地区还增发补贴；配偶、子女均可随任，费用自理，现在连工勤都可以带家属了。

2. 初当翻译

1970年结业，到使馆报到后，我被分配到使馆政研室，一方面担任大使、参赞外事活动口译任务，另一方面还开始学做调查研究工作。由于当时中国外交官，特别是高级外交官，包括一些大使、参赞，有很多是军人或工农干部出身，大都不懂外语，所以外事活动要给他们配备翻译。现在情况大不相同了，中国外交官已完全做到了外语化，许多年轻同志甚至掌握多种外语。据说当年我国驻苏联大使，外出活动要带三四个翻译，一个俄语，一个英语，一个法语，需要哪个就上哪个，因为我们的翻译大都每人也只会一门外语。

给使馆领导当翻译，特别是给大使当翻译，就是要当忠实的"传声筒"，大使就听你的，责任重大，丝毫马虎不得。记得我刚参加工作时，中国与民主德国关系尚处于低潮，我们将东德视为苏联的"帮凶、卫星国"，而对方则称我们为"毛主义分子"和"毛主义领导人"，相互仇视，常常恶语相加。每当重要场合，特别是盛大的集会，东德领导人乌布利希和后来的昂纳克都要讲话，当翻译的同志就要竖起耳朵仔细听，唯恐漏掉一个字。开始时，他们在讲话中，反华言论是连篇累牍，大段大段地讲。这倒好办一些，一句听不清，还可以听后面的。可是到了后来，反华言论逐渐减少，有时往往仅仅几个字眼。这是对翻译的严峻考验。凭着多年工作经验，我们当翻译的也能大体估计出他们讲到什么地方可能出现反华字眼，例如在讲到国际形势和国际共产主义运动时，反华可能性极大。所以，每当到了这种关键时刻，我们就要加倍集中精力，有时自己就能听到自己的心跳声。尤其是在大型集会那样的场合，人声嘈杂，扩音设备老化，更增加了难度。每当听到他们发表了反华言论，我会附在大使耳边，轻声报告一句"他们反华了"，大使便会起身离开会场，以示抗议，并且会在离开前，向德方有关负责官员提出抗议。当年和我们一起退场的，还有我们的"铁杆朋友"阿尔巴尼亚临时代办。

但是，也有出乎意料的状况。就是说，如果到了我们估计他们可能发表反华言论的时候，他们却没有讲，我就会犯嘀咕，心里惴惴不安，担心自己是否听错了。每到这时，我会偷偷环顾左右，察看周围是否出现异样的眼神和动作，因为中国大使该退场时没有退场，周围人群肯定会有异样反应的。我注意到，在类似情况下，即美国受到攻击或批评，美国外交官是不会离开会场的。除了陪同领导参加外事活动，返回使馆后还要立即根据当时记录或回忆整理谈话记录，重要情况要随时报告国内。由于自己年轻，记忆力强，有时双方连续交谈几个小时，回来后也能比较完整地将谈话记录整理出来。

与昂纳克主席握手

此外，为了让使馆领导及时掌握形势变化，我们每天早上要给他们读报。说实话，读报是个相当辛苦的工作。每天早上，我们要选择几份当地主要报刊，包括东德和西德、西柏林的报刊，例如《新德意志报》、《法兰克福汇报》、《世界报》和《每日镜报》等，自己先要迅速浏览一遍，将重要评论和文章做好标记，重要段落标出来，以免读报时忙乱和遗漏。记得经常参加听报的有大使、政务参赞、商务参赞和武官等。给使馆领导读完之后，我们还要将当天的国内外要闻抄在食堂黑板上，供使馆内不懂外语的同志阅读。在东德学习、工作的将近20年中，我经历过张海峰、宋之光、刘浦、王毓培、彭光伟、陈东、李强奋、马叙生、张大可等9位大使或临时代办，从彭大使起，我就开始给大使担任翻译，从他们身上学习到了不少东西，也与他们结下了深厚情谊。

3. 使馆政策研究室

政策研究室是使馆的核心部门之一。它除了充当大使的智囊，还要随时将重要情况报告国内，其中包括动态情况、形势分析、年终总结、

陪同彭光伟大使（左二）

李强奋大使夫妇

与陈东大使夫妇合影

马叙生大使夫妇

张大可大使夫妇

政策建议，等等。改革开放以来，中央日益重视国外治国理政的经验教训，这也成了使馆调研工作的重要任务。要干好这一行，确实不容易，需要经过长期锻炼，积累丰富经验。这不仅需要良好的外语水平，还需要扎实的中文功底、较高的理论修养和善于思考的头脑。要了解驻在国和驻在地区历史，不断跟踪现状，要学会判断未来走向。人们常说，外交是内政的延伸；没有永久的朋友，只有永久的利益；在处理双边关系的时候，好的时候要想到坏，坏的时候要想到好，不能把事情做绝，等等。中国政府对世界局势总体看法是，世界大战一时打不起来，当前是我国面临的最好战略机遇期。我国的对外政策是独立自主的和平外交政策，目的是为国内建设赢得一个良好的外部环境。中国将永不称霸，永不做"超级大国"。当然，作为联合国安理会常任理事国之一，中国在处理国际事务时还是坚持原则立场的。总体来看，中国外交基本分为如下几个层次：大国是关键，周边是首要，第三世界是基础，多边是舞台。我们不仅要继续韬光养晦，还要积极有所作为。总之，要深刻理解这些原则，将它们融化在血液里，落实在行动上，绝非易事。作为调研战线上的一名新兵，要从头学起，按老同志的说法就是从一把剪刀和一瓶胶水学起，学会每天剪报。每天看报，要把有用的信息和材料剪下收集起来，将重要的观点摘录下来，日积月累，去伪存真，由表及里，必然形成比较系统和接近真实的看法。

　　据说由于调查不深入，掌握信息不全面，有的使馆判断形势也有失误的情况。某个驻非洲国家使馆，只看表面现象，认为驻在国政局稳定，不会出什么乱子，实际上却是暗潮涌动，政变在即。还有的使馆仅看驻在国政府对华态度，从主观愿望出发，认为政府稳定，人民支持，不会倒台，实际上政府对内却是执行了一条反动政策，并不得人心。结果，该国政府不日被推翻。对于民主德国形势的分析，有时也出现过偏差。例如1971年德国统一社会党内发生重大人事变动，总书记乌布利希下台，昂纳克继任，究竟是什么原因，众说纷纭。有的主观认为是主动交权，因为在此之前，乌布利希确实曾把昂纳克定为接班人。有的却把这一事件与苏联的对外政策结合起来分析，认为苏联领导人决定要和西德政府和解可能会牺牲东德利益，乌布利希不干，苏联领导人只好换马。结论是，这一事件反映了苏联东德领导人之间的矛盾。后来的形势发展证明后者分析是正确的。

4. 收获爱情

　　我们属于"文革"之前最后一批留学生。留学期间和参加工作之初，国内"文革"正如火如荼。工厂停产，学校停课，甚至停止招生，社会上"破四旧"之风盛行，学生全国大串联，到处都是"打倒走资本主义道路的当权派"的口号声，如此等等，整个中国深深陷入一片无政府主义的大混乱之中。在这种政治形势下，年轻人谈恋爱都成了问题，没有时间，没有场地，没有对象，甚至有时还被说成是小资产阶级情调。那时我已老大不小，超过30岁，心中也有些着急。幸亏我们使馆商务处有一位参赞，山东老乡，热心充当红娘，穿针引线，促成了我与我爱人的相识和结合，组成了幸福家庭。

驻东德使馆院内与夫人合影

特别值得一提的是，我夫人张志京，1962年13岁时，百里挑一被选拔进入解放军艺术学院，攻读舞蹈专业。我们1977年结婚后面临着一个现实问题，即是她跟我走，还是我跟她走。坦率地讲，像我这体型，搞舞蹈肯定没戏。可是，我们也不愿意长期两地分居。正在这个时候，驻东德使馆正好有个空余名额，使馆领导同意我爱人到使馆随任。经过慎重考虑，我们决定我爱人脱去军装，转业地方，并将刚刚出生的儿子托付给老人，毅然奔赴外交一线。可想而知，这对于我爱人是多么大的牺牲和痛苦啊！她需要放弃自己钟爱的舞蹈事业，须知她当时已是二炮文工团的一名专业舞蹈编导，军职达副团级，到使馆又要从头做起，从普通科员做起。对于她来说，她将面临一个全新的工作和环境，她必须舍弃艺术的氛围，适应单调，尽快刻苦学习德文；对于她来说，最让她心疼的是，我们必须与自己心爱的唯一儿子长期分离。记得在北京火车站送行的时候，儿子幼稚地问道："妈妈，你为什么要离开我？我宁愿生一场大病，那样可能你就可以留下来陪我了……"。他说，他宁愿出生在一个普通人家，生活虽然艰苦一点，但全家可以总团聚在一起，享受天伦之乐。总的算下来，我们同他分离接近20年。这是多么巨大的牺牲啊！

皇天不负有心人。自从我爱人1983年12月抵达驻东德大使馆起，她就破釜沉舟，横下一条心，决心攻克德语这道关。她一边工作，一边上东德外交部专门为外交使团人员开办的语言学校。即使多人半途而废，但她一人仍然坚持到底。我们坚持每天利用晚饭后的一段时间，由我给她"吃小灶"，今天准备明天的功课，在教科书上点点划划，注明词意和语法。然后，她再自己理解背诵。她在使馆值班室工作时，仅用的草稿纸就有几尺厚。她的执着与毅力确实令人敬佩。最终，她荣获东德国家级文凭，德语水平基本过关，完全可以应付日常工作。她华丽转身，成为一名地地道道的外文干部。特别是在我担任中国驻奥地利大使期间，她以自己的魅力和智慧、高度的亲和力和流利的德文赢得了人们的尊敬和爱戴，成功地扮演着一名中国大使夫人的角色。她的经历和事迹一度成为我们德语圈中的一段佳话，甚至成为一些人

东德古堡

效仿的榜样。为了表达对她出色工作的肯定,外交部授予她一等秘书的外交官衔(相当于正处级)。她事后不无自豪地调侃说,她这一生,竟然获得了两个处级头衔。

(二)"疯狂年代"

1. 极"左"思潮

  我刚参加工作那几年,极"左"思潮对外交的干扰还是很大的。在不少使馆,后勤人员中的"造反派"参加了领导班子,以对知识分子进行改造,实行"外行领导内行"。为了更好贯彻毛主席的"九九指示"精神,中央对许多外交惯例都进行了改革,例如,工勤人员堂而皇之地作为使馆代表出席招待会,更可笑的是"豆腐乳"也登上了使馆招待外宾的宴会餐桌。外国友人第一次在宴会餐桌上见到这玩意儿,红彤彤的,还流着液汁,就真想尝上一口。等到一整块豆腐乳进入口中,方知此物咸味难耐,吐出来不雅观,咽下去又难受,不得已双眼一闭,活生生将一整块豆腐乳吞下肚子。其当时惨状可想而知。

2. 车祸教训

1967年6月27日，中国驻东德使馆发生了一次严重车祸，致4死1重伤，死者中有使馆的临时代办，当时轰动一时。使馆一些人对这一事件的态度，也暴露出极"左"思潮对我国外交工作的极大干扰。那天细雨蒙蒙，使馆临时代办驱车百余公里，去北部波罗的海港口城市罗斯托克看望靠港装船的中国船员。除一名业余司机外，还有4人，其中有一名使馆厨师，因为他任期已满，将要奉调回国，使馆领导为了照顾他，同意他临回国前搭车到海边看看。汽车行至中途的施维林附近，遇到公路有一个上坡。按照当地交通规则，在公路上坡时严禁超车，因为司机看不见对面是否有车迎面而来。可是，使馆司机却违反交通规则，在上坡处超车，与一辆大卡车迎面相撞，我车被撞到路基下面，3人当场死亡，1人在运往医院途中去世，1人重伤。

噩耗传来，全馆同志为之震惊。使馆在事故报告中认为，"这一事件必须从阶级斗争考虑，在目前形势下发生这一事件绝非偶然。"

宋之光大使与馆员合影

针对电报中的过激情绪，外交部指示："在车祸事件未调查清楚前，对外表态要慎重。"陈毅外长要求："凡采取重大行动，务必先请示国内。"外交部经请示毛主席、周总理，决定派出由外交部、卫生部和公安部组成的调查组亲赴现场调查。

但是，我使馆人员罔顾国内指示，在调查组抵达前采取了一系列"革命行动"：6月28日凌晨，有人径自闯入东德外交部，向德方提出"最最强烈抗议"；不久，东德副外长等前来吊唁，我使馆人员就指责他们"是伪善的，是阻挠我了解真相"。当德方人员当即离开时，有人高喊口号，并用标语牌敲打汽车；当天下午，使馆在面向大街的墙上用德文贴出了大字报，提出"血债要用血来还"的口号。傍晚，德方组织近千名群众到使馆门口抗议。使馆通过扩音喇叭从窗口朗读毛主席语录，高呼"打倒乌布利希！"东德群众则以"打倒毛！"回敬；当晚，东德外长文策尔致函使馆抗议使馆贴出大字报，使馆人员没有拆封就扔到门外，如此等等。

调查组临行前，周总理在百忙之中通过部领导指示，要实事求是，不要先入为主。他还举了他的秘书李少石在重庆的例子：有一天李少石乘坐周总理的汽车外出，被国民党一名士兵打死。有人认为是国民党企图谋杀周。经过调查，开枪士兵并不知道是周的座驾，也不知道车上有什么人，只是因为拦车未停而开枪。周总理的指示和例子显然是有针对性的。这在"文革"正处高潮时期当属难能可贵。

最后调查结论是：从现有材料看，倾向于一般车祸的可能性较大，主要责任在我方；但"鉴于德修加剧反华，对我敌视，不能排除德方对我政治谋害的可能性，但这方面尚无证据"。实际上结论很清楚，最后一句显然是照顾情绪。东德方面也担心中方秋后算账，据说出事现场的所有划痕都被用特殊沥青铺好，以备调查时恢复原样。

3. 外汇黑市

柏林被一分为二，两面光景大不相同。其中，大约在西柏林市中心纪念教堂广场边上有一所很不起眼的小银行,是我们驻苏联东欧国家使馆人员经常光顾的地方。为什么？原来这里可以随时用硬通货,如美元、西德马克,按照黑市比价自由兑换卢布和其他东欧货币。例如,按照官方比价,西德马克与东德马克是一比一,而黑市比价可以达到一比四或五,德国统一前夕甚至达到一比七或八。这里的苏联东欧货币全部是真的,来自苏联和东欧各国。当年苏联东欧国家组成社会主义阵营,实行计划经济,对外汇控制得非常严格,私人和企业不得拥有外汇,需要时只能向国家有关部门提出申请。可是,企业要发展,需要从西方进口一些设备和技术,需要大量外汇,国家难以完全满足。在这种情况下,这些国家的国有企业便偷偷地将大量本国货币运到国外,在黑市上兑换成硬通货,供企业使用。那时,由于国内经济困难,中国外交官待遇比较低。驻苏联东欧国家的外交官,先是发些当地货币作为津贴,后来才开始发外汇,每月大约是一百多美元。如果按照官方比价将那点可怜的外汇兑换成当地货币,十分不合算,也难以在

西柏林银行

当地生活，或者买点像样的东西。当时，国内讲究"三大件"，即手表、缝纫机、自行车，中国外交官也希望任期结束回国时带回几大件，让家人高兴高兴。于是，我国驻苏联东欧国家使馆不时会派人出差驻东德使馆，到西柏林换钱，不仅个人换，公家也换。有人开玩笑说，用一个西德马克可以在东柏林饱饱美餐一顿，有汤，有主食，外带一瓶啤酒。

说到从国外带东西回国还闹出过不少笑话，也出了一些丑闻。当年，国家经济困难，人民生活非常艰苦，并且闭关锁国，很少对外交往，国内百姓对国外情况知之甚少，有人甚至不知电冰箱、洗衣机为何物，再加上极"左"思潮影响，对国外的东西统统视作洪水猛兽，认为外国音乐是靡靡之音，海关对三大件的进口严格限制。我曾经就经历过。我在莫斯科中转时买了几张唱片，其中有芭蕾舞剧《天鹅湖》唱片，我在内蒙古二连入境时，我国海关人员专门将这些唱片拿到车站办公室，逐一进行监听检查，耽搁了好长时间。我还听说，海关人员指着

东柏林凯旋门和柏林墙

洗衣机，问我外交官这是何物，外交官开玩笑说，这是盛放粮食的。

4. 策反事件

"冷战"时期，国际阶级斗争可谓诡谲多变，或明争明斗，或波涛暗涌。由于中国驻苏联东欧国家使馆工作人员频繁来往于这些国家和东德之间，或公干，或修车，或换钱，便引起了当地情报部门的注意，并密谋策划过一些针对我国外交官的阴谋。

听说有一次，我国驻东欧某国使馆的一名年轻外交官由一名司机陪同，千里迢迢，驱车到东柏林办事。返回使馆途中，在当地一家旅馆过夜。一般情况下，使馆人员出差，按规定要二人同行，并且在外过夜两人要住在同一房间，或紧邻，以便互相照应，有利于安全。可是这次旅馆人员却说，已没有双人房间，两个单人房间也不在一个楼层。我们同志只能接受。司机早早进自己房间休息，而这位年轻人却有一个不良嗜好——爱喝酒。他洗漱完备，便独自到旅馆酒吧饮酒去了。时近午夜，他醉醺醺回到下榻房间，却被眼前的一幕惊呆了：床上半躺着一位裸体的金发女郎，被褥凌乱不堪。这显然是当地情报机构设的一个局。还没等他反应过来，早有几名特工闯了进来，手持带闪光灯的高级相机，"啪啪啪"地拍起照片来。稍后，他们又向我们这名青年人甩出了一大摞照片，上面是这名年轻人过去在某地休假时与当地女人搂搂抱抱的情景。他们威

东柏林水神喷泉

第二章 外交生涯启航

柏林市政厅

柏林国会大厦

东德共和国宫

东柏林施普雷河

胁说，你目前只有两条路，要么与我们合作，要么我们向你们使馆举报，让你身败名裂，或者你们在返馆途中遭遇一场车祸，让你死无葬身之地。我们这名年轻外交官早被吓破了胆，权衡再三，出于"留得青山在，不怕没柴烧"的考虑，最后表面答应了对方的要求，在他们预先准备的一份"合作协议"上签了字，并应询供述了一些使馆的基本情况。庆幸我们这位年轻外交官还算诚实。他返回使馆后，马上将事情的前前后后如实向使馆领导做了汇报，使馆经过研究并请示国内，即刻将他遣送回国。后来，这一事件成了教育刚刚进入外交部年轻干部的活教材。

5. 忠孝难全

历来古语讲，忠孝难以两全。20世纪的中国外交官，由于国家经济困难，再加上"文化大革命"的破坏，整个国家经济几乎到了崩溃的边缘，待遇非常可怜。除了国内的基本工资，国外就发一点少得可怜的补贴，每月大约几十个美元。甚至有一段时间，国外补贴仅发驻在国货币，即在东德就发东德马克。东德马克根本不值钱，远远比不上硬通货西德马克。后来，随着国家改革开放，经济形势日益好转，外交人员的待遇才逐渐得以改善。当时，国内工资大约50—60元，基本上是扣除孩子的生活费，剩余的便邮寄给父母补贴家用。据说父母对此就已经非常满足，老父亲逢人便说，我们也过上城里人的生活了，每月还发"工资"。而国外的那点补贴，除了日常开销，还要省吃俭用，准备回国时能够带上个"几大件"（当时流行手表、缝纫机、自行车三大件，后来是电视机、电冰箱、洗衣机三大件）。

当时，国家规定外交官不能带家属出国。这种"妻离子散"的窘境，更给人们的国外生活雪上加霜。因为长期与父母分离，缺少母爱，外交官的孩子在国内出事的事例屡见不鲜；由于夫妇长期分离，外交部离婚率居高不下也是出了名的。外交人员与国内的唯一联系，就是通过外交部的信使队。外交部成立有一个信使队，专门负责在外交部

老父亲来京探亲

岳父岳母

和驻外使领馆之间传送公文。根据有关保密规定，外交人员的私人信件，只能通过这条渠道。真是"烽火连三月，家书抵万金"。每到规定的日子，馆员都像过节一样，盼星星盼月亮，盼着信使早日来到使馆。每到分发私人信件的时候，你抢我夺，好不热闹。等到拿到来信，每个人脸上的表情又是千差万别，喜怒哀乐，各不相同。

后来，条件有所改善，可以通电话了。可是与自己那点可怜的补贴相比，国际长途话费奇高无比，眼见得计费器哗哗地旋转，那可是白花花的外汇，真让人心惊肉跳。于是，凡是使馆人员与国内亲人通话，都要事先打好腹稿，甚至写成书面文字，以免啰唆，或者多说废话，浪费宝贵的外汇。我们使馆有个同事，正遇上唯一的宝贝女儿恋爱受挫，情绪很不稳定。为了做好女儿的思想工作，他竟然将几个月的收入付了电话费。

我这一生之中，最对不起的就是父母了。自从 1965 年离家出国留学，一共在国外生活 31 年。期间，除了休假能够抽出少许时间回

全家福

家探望父母，其余更多时间则是聚少离多，更谈不上伺候左右，恪尽孝道了。我只能谨遵双亲教诲，永远怀着一颗感恩的心，忠于祖国和人民，努力刻苦学习，勤勤恳恳工作，圆满完成任务，为国尽忠，以告慰他们。由于当时纪律严格，再加上经济条件也不允许，即使家中发生意外变故，也难以赶回家中，甚至连个电话也不能打。父母亲先后在 1982 年和 1992 年病故，我都不在他们身边。噩耗传来，我只能蒙面号啕痛哭，面对故乡的方向跪拜，磕上几个响头。直至今日，每每想到父母含辛茹苦，拉扯我们成人，而他们自己几乎一天福也没享受着，现在"子欲养而亲不待"，仍不禁泪流满面。

（三）双边关系变迁

1．"坐冷板凳"

中国和民主德国都是社会主义国家，成立于 1949 年 10 月。同年 10 月 27 日，两国建立了外交关系。整个 20 世纪 50 年代，两国关系曾有很大发展，双方多次派高级代表团进行互访。中国领导人周恩来、朱德、董必武等都曾访问过民主德国；乌布利希、格罗提渥和威廉·皮克等民主德国领导人也先后访问过中国。

由于受到中苏关系的影响，60 年代中国与民主德国两国关系一度恶化。当时，东德领导人追随苏联领导人反华，取消了一些双边合作协议，包括互派留学生的协议，减少双边贸易，逼迫我国偿还债务，等等，成为苏修反华势力的领头羊。我就是在这种背景下参加工作，来到驻东德使馆的。也就是在那个时候，我领略了什么叫"冷板凳"，尝到了"坐冷板凳"的滋味。每遇重大活动，我陪同使馆领导应邀出席，听到的只有反华言论，除了退场抗议，几乎没有别的可言。德国统一社会党的喉舌《新德意志报》，几乎是每天连篇累牍地反华。使馆领导所能见到的最高官员基本上就是副部长级别。我记得，当时双方围绕德意志民主共和国的缩写争论不休。德方同意简称"民主德国"，而我方为了方便起见，有时称"民主德国"，有时称"东德"。德方

田纪云副总理会见民德客人

东德领导人乌布利希

对于"东德"的称谓颇有微词,认为这是对东德的贬低,是"潜在"支持德国统一。尤其是在昂纳克发明了德国土地上存在"两个民族"理论,东德是社会主义民族,西德是资本主义民族以后,德方更是对"东德"的称谓耿耿于怀,甚至表示过抗议,认为这是支持西德的统一政策。由此引出来的是,东德反对我国代表团在访问西德之后,接着访问西柏林。

2. 戈氏"新思维"

1985年,戈尔巴乔夫担任苏联最高领导人。昂纳克曾在其回忆录中提到,他是根据葛罗米柯提议当选的。葛罗米柯当时表示,现在我们有了一位比较年轻的总书记。这样一来,我们就不需要每年举行一次葬礼了。前一时期,举行葬礼的间歇实在是太短了。戈尔巴乔夫上台后,打着"新思维"的旗号,对国际形势和苏联外交进行了重新评估。结论是,美苏国力相差悬殊,双方争霸,进行军备竞赛,特别是美国推行"星球大战"计划,拖垮了苏联经济,且外交战线过长,给苏联造成巨大负担。为了重振苏联,需要缩短战线,甩掉包袱,其中包括与西方和解,甩掉第三世界和东欧国家这种经济包袱,等等。

对于戈尔巴乔夫的内外新政,民主德国从一开始就采取了保留,甚至抵制的态度。昂纳克在其回忆录中,公开批评戈氏的改革与公开性,指出它之所以没有取得预期效果,是"因为人们缺乏取得预期效果的方案。主要是提倡多元化,领导的多元化,使党陷入了混乱,在群众中失去了影响力"。"地区和县委书记当中,有2/3的人被罢官。但尽管如此,改革和公开性却并没有导致什么变化。""如果今天连盐、肉、黄油、一切基本食品、日常生活所必需的小五金,甚至连肥皂都得不到,那么每个苏联公民都会说,什么社会主义、70年红旗、大国地位、防卫、宇宙飞船,对我来说毫无用处!我首先需要吃饱肚子!"东德不能简单地照抄照搬苏联的新政策。"我们的出发点是,对我们有用的我们接受,从一开始就没用的东西,我们就不能接受。"在这样的大背景下,东德领导人开始强调要建设"具有民主德国特色的社

昂纳克与戈尔巴乔夫

会主义",将目光转向了中国。

3. 关系变暖

  80 年代以来,中德两国关系逐渐恢复并得到发展。1986 年 10 月,德国统一社会党中央总书记、国务委员会主席昂纳克对中国进行了正式友好访问;1987 年 6 月,中共中央总书记兼政府总理赵紫阳访问了民主德国,从而实现了两国关系正常化。1989 年 9 月德国统一社会党政治局委员、中央书记、国务委员会副主席克伦茨访问了中国,10 月中共中央政治局委员、国务院副总理姚依林率中国党政代表团参加了民主德国 40 周年国庆庆典。与此同时,两国的经贸关系也有进一步发展。1989 年双边贸易额为 10.9 亿瑞士法郎,比 1988 年增长 9%。

  德国统一社会党中央政治局委员、中央书记阿克森 1986 年所做的政治局工作报告对昂纳克访问中国进行了高度评价。他指出昂纳克对中华人民共和国的正式友好访问完全可以说是一个具有历史意义的事件。这是民主德国建国以来最高领导人对中国的第一次访问。访问使我们两党、两国和两国人民之间的关系开始了一个新的阶段。昂纳克同中国共产党和中华人民共和国领导同志的所有会谈和会见都洋溢着热情、相互尊重、理解和信任的气氛。德国统一社会党中央总书记昂纳克和中共中央总书记胡耀邦就两党、两国的接触和关系目前所达到的水平详细地交换了意见。双方一致表示将尽一切力量把德国统一社会党和中国共产党、民主德国和中国的关系提高到符合共产主义和工人党、社会主义国家之间的关系和对社会主义与和平事业必不可缺的水平。访问中,双方就继续和加深党的关系以及代表团互访、交流经验和党的有关机构的合作等具体措施达成了协议。

邓小平同志在会见昂纳克时指出,我们两党关系从未中断过,因此不存在恢复关系问题,而是继续和发展这一关系问题。

这次友好访问表明了双方的一致看法,即共同的任务只有在和平中才能实现。胡耀邦总书记强调,在核时代,为和平而奋斗是外交政策的主要问题。这不仅对发展同所有社会主义国家的关系,而且也对发展同资本主义国家以及第三世界的关系具有重要意义。昂纳克同胡耀邦同志的谈话取得一致意见,他强调民主德国把和平共处政策看作是国际政治中最重要的因素之一。德国统一社会党和民主德国将尽自己的一切努力促进中国同我们大家庭的合作。我们党和国家代表团的卓有成效的访问为此开辟了道路。

4. 首席翻译

我有幸出任上述两次重要访问的首席翻译。中方对于昂纳克的来访非常重视,除北京外,还安排他访问了江苏省和上海市。由于耀邦同志和昂纳克都曾从事过青年工作,在布拉格世界青年联欢节期间相识,两人这次见面格外激动亲切。在欢迎宴会上,坐在宴会厅后面的军乐团照例要演奏中德两国的音乐和歌曲。当军乐团演奏德国革命歌曲时,耀邦同志发现昂纳克十分高兴,连连在餐桌上击节合拍,他连声说道:"再来一个,再来一个!"可能是言犹未尽,耀邦同志在北京与昂纳克会谈之后，专门飞往南京出席顾秀莲省长的欢迎宴会，并陪同昂纳克参观长江大桥。

在北京期间，邓小平同志会见并宴请昂纳克。我曾多次为小平当过翻译，对他非常崇敬和佩服，崇敬他的德高望重、高屋建瓴，佩服他的言简意赅，高度概括性、逻辑性。我经常说起，小平同志会见外宾不需要别人预先起草谈话要点，他自己心中有数，只要将他的谈话记录下来，稍稍加以整理，就是一篇好文章。他会见昂纳克也是如此。会见之后是宴请。老人家在紧张交谈之余，还不忘多次提醒我，"你也吃一点嘛！"实际上，由于双方交谈甚欢，基本上没有间断，作口译的我根本无暇用餐，那天宴会究竟吃了些什么，事后根本回忆不起来了。这或许也是做外交工作的一种牺牲吧。多年来，每次给中央领导做翻译，茶几上一般不摆放香烟。但是，小平是个例外。有一次，茶几上照例摆上了6枝装的小盒"熊猫牌"香烟。因为社会上对小平同志抽的"熊猫牌"香烟格外好奇，不知是个什么味道。我暗地里决定，一定要带一盒回来，品尝一下，这香烟到底是什么味道。结果大失所望。因为为小平同志特制的"熊猫牌"香烟，尼古丁都被过滤掉了，所以什么味道也没有。

在驻东德使馆期间，我还参与了对很多中央领导同志访问东德的接待，例如李鹏总理、宋平、王任重、吴学谦、钱其琛等；在国内参加过李先念主席、华国锋总理、李瑞环主席以及谭震林、谷牧、田纪云等领导同志接待外宾的工作。

胡耀邦会见昂纳克

邓小平会见昂纳克

李鹏总理参观德累斯顿画廊

使馆馆员在波茨坦合影

波茨坦协议会址

二、亲历德国统一

（一）风云突变

1. 德国分裂由来

第二次世界大战纳粹德国战败，于1945年5月7日和8日分别向西方盟军和苏联红军无条件投降。德国全境被盟军和苏军分别占领。苏、美、英三国首脑根据1945年雅尔塔协议和波茨坦会议安排，决定将德国一分为四，分别由四个战胜国占领，并合组一个最高管理单位"盟国管制委员会"来共同行使最高权力，治理德国事务。1949年9月20日，德意志联邦共和国（以下简称"西德"）在西占区宣告正式成立。苏占区亦于1949年10月7日宣告德意志民主共和国（以下简称"东德"）成立。自此，德国分裂为分别以美、苏为靠山，实行完全不同的政治经济制度，相互独立的两个德意志国家。以阿登纳为总理的西德政府推行向西方"一边倒"的政策，1951年加入西欧煤钢联营，1955年加入北约。东德则于1950年加入苏联主导的经互会，1955年加入华约。从此，东西德分别属于以苏美为首、相互对峙的两大军事集团。1955年7月，苏联领导人赫鲁晓夫正式提出"两个德国"的观点。同年9月，西德宣布推行被称为"哈尔斯坦主义"的"单独代表权"，不承认东德作为主权国家的合法性。

进入60年代以来，世界形势发生了很大变化。美国、苏联两个超级大国愈来愈从20世纪50年代的"冷战对峙"转为"和平共处"的关系，这突出反映在建筑柏林墙这件事情上。对此，西方盟国仅联名提出抗议，并没有做出什么过激的反应。在此大背景下，西德社民党领导人勃兰特60年代起首先提出来"新东方政策"，其实质就是，靠武力击败共产主义，实现德国统一，这种想法是不切实际的，主张采取"通过接近促进演变"的方针。1969年勃兰特担任总理后，宣称承认战后欧洲现状，并积极改善同苏联和东欧的关系，同时着手解决

美英苏领导人在雅尔塔会晤

东西德关系。1972年,东西德代表在波恩签署"关系基础条约",彼此承认是主权国家,表示愿在平等基础上发展正常睦邻关系,同意互设常驻代表处。1973年,东西德同时加入联合国。值得注意的是,东德视其常驻波恩办事处为外交机构,归属外交部领导,西德则视其常驻柏林办事处为内政,归属德意志内部关系部领导。

2. 东德政局动荡

1989年夏季开始,东西方关系的缓和以及戈尔巴乔夫的"新思维"促使东欧形势,特别是东德的政局发生急剧动荡和变化。德国统一问题骤然成为举世瞩目的问题。多年来被认为在可预见的时期内不可能实现的德国统一突然提到世人的议事日程,并迅速成为现实。事态的戏剧性发展大大出乎绝大多数世界政治家、德国问题专家的意外。这种变化表面上看突如其来,实际上却事出有因。

东西方,包括东西德关系缓和以来,双方高层来往频繁,经贸关系扩大,人员往来也有所增加。但是,在东德百姓眼里,人员往来方面并不平衡,西方人员可以自由来往,而他们则只能去苏联东欧国家旅游,去西方旅游则控制得很紧。在这种情况下,不少人便铤而走险,采取非法偷渡。例如绕道第三国,甚至躲藏在西德人的汽车后备厢里。一旦被发现,被东德当局逮捕,西德便往往愿出高额赎金,将他们赎买到西德。据说,这是东德政府每年的一笔不菲收入。

受西德经济繁荣、政治自由的诱惑,以及西德媒体宣传影响,从80年代中期起,东德老百姓要求自由出境旅行、拆除柏林墙和实行民主改革的呼声日高,越来越多的人利用去东欧国家旅行的机会,逃入西德驻捷、匈、波等国使馆要求移居西德。1989年2月,匈牙利社会主义工人党决定放弃执政党地位,实行多党制。5月,匈牙利政府宣布拆除与奥地利交界的国境线上的所有边界设施和铁丝网,民主德国一些公民便利用去匈牙利旅游度假之机,取道奥地利移居联邦德国。8月20日,有1400名东德公民出走到西德,为东德1961年修建柏林墙之后,出走人数最多的一次。此后,东德公民一批又一批地来到西

东德群众游行示威

德驻东柏林办事处以及西德驻波兰、匈牙利和捷克斯洛伐克大使馆，总人数达6000人。他们要求迁居西德。民主德国政府在做了一系列劝说工作都宣告失败后，只好用专列把他们"驱逐"到西德去。时隔不久，西德驻捷克使馆内外又聚集了七八万东德公民。民德政府又如法炮制，调用专列把他们"驱逐出境"。据不完全统计，1989年通过各种渠道出走到西德的东德公民达34万人。

东德公民的大批出走使柏林墙的作用日益减弱，也使东德政局跌宕起伏，形势日趋恶化。1989年10月7日是东德的40周年国庆。苏联领导人戈尔巴乔夫应邀出席了庆典仪式。他在与民主德国领导人昂纳克等人交谈时说，对于改革，"谁行动晚了，谁就要受到生活的惩罚。"受此影响和鼓舞，东德各大城市包括莱比锡、德累斯顿、波茨坦、马格德堡、耶拿等地爆发的抗议示威浪潮，愈演愈烈。大规模游行示威浪潮，首先发起自东德第二大城市莱比锡，有10万人走上街头，举行星期一游行。啦啦队先是呼喊"我们乃是人民！"，日益变成"我们同属一个民族！"，最后变成"德国统一，现在就要统一！"。在首都柏林国庆庆典会场附近，7000余名市民聚集抗议，并与警察爆发了冲突，数百人被捕。11月4日，东柏林发生民主德国历史上规模最大的游行，有100多万人参加。此后群众抗议活动不断升级，抗争的内容也在悄然发生变化，从最初的争取旅行自由，放宽新闻控制，逐渐转变为要求反对派组织合法化、多党制和自由选举等。这种全国性大规模的群众抗议活动是东德历史上从来没有出现过的。

严重的社会动荡，加上苏联领导人戈尔巴乔夫对东德主要领导人昂纳克的不满，激化了德国统一社会党领导层的分歧。10月18日，在德国统一社会党十一届九中全会上，执政18年之久的东德党和国家领导人昂纳克作为"替罪羊"，被迫宣布因为健康原因辞职，选举主管安全和青年工作的克伦茨接替昂纳克的职位。11月7日，以斯多夫为首的民主德国部长会议集体辞职，由原德累斯顿党委第一书记汉斯·莫德罗接任部长会议主席，并于11月17日首次组成由各党派参加的"大联合政府"。其目标是避免东德局势的过分震动，维持社会生活的基本正常运转。但是昂纳克的辞职和新政策都没有平息民众的抗议声浪，东德各地的游行依然如故。12月3日，德国统一社会党全部领导人宣布辞职，首批最高领导人被逮捕。

在这种严峻形势下，我于1989年10月再次被派往中国驻民主德国大使馆。

（二）柏林墙的坍塌

1. 柏林墙之痛

东德官方正式将柏林墙称为"反法西斯防卫墙"，是民主德国1961年在自己一方领土上建立的，目的是隔离东西德和东西柏林之间市民的往来，阻止东德居民包括熟练技工大量流入西柏林和西德。柏林墙的建立，是德国分裂和冷战的重要标志性建筑，也是德国历史上难以抹去的一道伤疤。

二战结束后，东西柏林之间原本没有明显边界，双方百姓可以自由流动。东德政府在以苏联为首的华约支持下，于1961年8月12—13日夜间开始修筑隔离带，原为铁蒺藜围成的路障，后改筑成3米多高、顶上拉着带刺铁丝网的混凝土墙。1961年之前，大约有250万东德人冒着危险逃入西柏林。在该墙建立后，有人采用跳楼、挖地道、游泳、自制潜水艇、热气球等方式翻越柏林墙，共有5043人成功地逃入西柏林，3221人被逮捕，239人死亡，260人受伤。1962年8月17日，18岁的东德人菲希特试图攀越围墙，成为第一个因此事而被射杀的人。

围绕柏林墙所上演的一幕幕悲喜剧，无不触目惊心。有一个五岁小男孩全家，是经过地道从柏林墙的下面逃到了西柏林。这个地道挖了整整6个月。因为东柏林警察便衣密布，地道不得不从西柏林挖掘。要求是绝对不许做地面测量，还必须正好挖到被接应者的厕所里。为了不被地面人员发现，地道深入地下12米。如此庞大的工程，这样长的时间，真不知道逃亡者是如何承受这种让人煎熬的心理压力。但这个孩子什么也不知道。当他从地道口出现在西柏林的时候,面对记者和救援者人群发表感想如下:"这个大洞洞怪吓人的,不过没有野兽。"

1968年,一位东德青年利用自己制造的潜艇从河流潜水到达西德!他用的是摩托车马达,配上自己组装的钢板,还有导航、压缩气体等系统。他克服了各种困难,令人想象不到地在家中造出了一个小型潜水艇。这潜水艇在水下航行了超过5个小时,才从西德那边冒出来,其中没有发生任何事故。这小小潜水艇当时立刻成为一个奇迹,该青年的逃亡过程使他立刻在西德找到了工作,各大机械公司竞相聘用他为设计师。听说后来他还真在机械设计上大有成就。

1979年某夜晚,从东德一个家庭的后院升起了一个巨大的热气球。气球下面的吊篮里装着两对夫妇和他们的四个孩子。这个气球完全由这两个家庭手工制成,花了数年的时间。在此期间,两个家庭自学成才,从材料学、工程学、气体动力学、气象学……一直到建立家庭实验室,

柏林墙与勃兰登堡门

最后成功地在家庭的后院里制作完成了这个高达28米的热气球！经调查，此热气球是欧洲历史上最大的热气球，被记入吉尼斯世界记录！这个热气球在通过柏林墙的时候，被警察发现了。警察目瞪口呆之余，还算记得开枪射击。这一射击，该气球良好的工艺水准就发挥了出来。逃亡者操纵热气球一下升高到了2800米以上的高空，不但枪打不到，连探照灯都照不到！警察只好紧急呼叫空军支援。苏联空军立刻出动"米格"战机，但是热气球在经过28分钟的飞行以后，已经完成了使命，安全着陆。

2. 柏林墙的倒塌

1989年10月，随着新领导人的上台，东德境内原本非法的反对派组织开始获准公开活动。在这些反对派组织的协调下，全国各地的抗议活动不断升级。在强大的压力下，民主德国政府重新开放了自10月3日以来暂时关闭的德捷边界，公布了新的旅行法草案，答应东德公民每年可有30天的旅行时间。但这一草案却遭到东德人民议院的拒绝。11月9日傍晚6时许，柏林市委书记沙博夫斯基在外交部举行记者招待会，宣布在通过旅行法之前，所有东德公民从即刻起均可申请出境，政府给予批准。招待会快要结束时，有人给他递了一张小纸条，告诉他说德国统一社会党中央决定开放柏林墙，但没有说具体什么时候，怎么开放。沙博夫斯基当场念了这张纸条。有记者提问，什么时

柏林墙

东德边防军士兵逃亡

候开放？他想了一下，迷迷糊糊地嘟囔道，那就从现在开始吧！东德百姓从广播里获悉这一消息后，立即像潮水般涌到东西柏林分界关卡。但东德警员却全然不知，称还没有收到上级通知。当人们告诉他们，决定已经正式广播，连警察都傻眼了，只好乖乖就范。结果，成千上万人便像洪水决堤，呼啦啦冲往西柏林，硬是把柏林墙口子拉开了。

那天晚上，为了就近观察有关情况，馆领导派我到距离使馆最近的一个边卡——伯霍尔姆大街边卡去。当时的景象，确实令人震撼，令人感动。只见人流像大坝决堤，脸上洋溢着激动、兴奋，有说有笑，好像约好了一般，一个劲儿朝边卡涌来。当东柏林人跨过边界线的那一刻，真正令人感慨万千，热泪盈眶。人们不管认识与否，也不分男女老幼，紧紧拥抱在一起，让热泪尽情地流淌。人们欢呼着，有的干脆摇下车窗，一手把握方向盘，一手在拼命地挥动……总而言之，人们仿佛再也找不到更好表达自己感情的方式和渠道了。西柏林人在过境站的另一端，为东柏林人铺设了红地毯，为客人准备了丰盛的袋装

东德 1989 年国庆游行

晚餐,还有100马克的欢迎费。东柏林人为西柏林人带来了啤酒和香槟。来自东西柏林的人们,不分男女老幼,成群结队来到勃兰登堡门以示庆祝,人们情绪亢奋,通宵达旦,过境站热闹非凡。

3. 分享喜悦

形势发展犹如迅雷不及掩耳。从此,东西柏林、东西德之间,再也没有任何障碍。12月12日,德国人欢庆他们历史上盛况空前的重逢日。不少东德公民,在相隔28年之后来到西柏林,非常激动;许多西德公民,也都想亲自体验一下两德人民重逢时激动人心的场面。因而,从法兰克福和其他城市飞往柏林的班机自星期五以来一直爆满。泛美航空公司为此还增加了航班。据统计,仅12日这一天,来到西柏林的东德公民就达50万人。

东德政府宣布开放边界时,西德总理科尔正在波兰进行国事访问。闻讯后,他欣喜若狂,临时中断了访问,立即从华沙飞往汉堡,然后

1989年11月9日柏林墙开放

柏林墙开放日

又赶到西柏林。在西柏林市政厅前,他发表了讲话。他说:"对我们德国人来说,这的确是一个极其愉快的时刻。"在同法国总统密特朗通话时,他兴奋地说,只有法国国庆时爱丽舍宫前的节日气氛,才能同它相比。"我亲眼看到成千上万的人,在那里走过来又走过去。他们好像要亲自证实一下,这是真的吗?这一切是很难具体描述的。"11月10日,西德总统魏茨泽克说:"对我们德国人来说,昨晚是一个激动人心的时刻。这一时刻的到来,意味着战后的历史将揭开深入人心的历史性的一页。"三天后,他还亲自从波茨坦广场过境站徒步走到东柏林,并与东德边防军战士进行了亲切交谈。

欧洲乃至世界上许多国家领导人,对东德政府开放边界的决定均表示赞赏。美国总统布什称:"这是一个富有戏剧性的事件。"他命令驻西德美军和使馆向西德提供"一切可能的帮助"。英国首相撒切尔称11月9日是"一个自由的、伟大的日子",开放边界是"拆除柏林墙的前奏"。法国总理罗卡尔认为,开放边界是一件"非常巨大的事件",它将给欧洲和世界"带来和平。因为一旦柏林墙倒塌,那就再也不会交战了"。苏共中央总书记戈尔巴乔夫表示"支持民主德国领导人做出的决定",认为事态的发展不仅有利于民主德国,而且有利于整个东西方关系的改善。

德国统一后,柏林墙大部分被拆除,只留下柏林总火车站前的一小段作为纪念,供游人观赏。墙上有各种各样的涂鸦,其中最为著名的一幅是昂纳克和当年苏联领导人勃列日涅夫拥抱亲吻的画面。腓特烈大街的过境哨卡也改建成为纪念馆,德国人化装成当年防守边卡的美国大兵,供与游人照相,当然这是要收费的。从此以后,从柏林墙上凿下来的水泥碎块,特别是带色彩的,成了旅游者的抢手货。东德最后一任总理德梅齐埃(基督教民主联盟主席)在为外国常驻柏林的使节们举行的告别招待会上,还把柏林墙碎块镶嵌在有机玻璃匣里,作为礼物送给使节。我作为翻译也有幸得到了一块。

(三)走向统一

1. 短暂过渡

克伦茨上台后,本想通过开放柏林墙和两德边界等松动措施来稳住局势,结果却是适得其反。边界开放后,东德公民出走的规模虽较

民众砸拆柏林墙

德国统一后柏林墙涂鸦

前缩小，但并未得以完全阻止。东德原本就大量缺乏劳动力，大批公民其中多数是年轻人涌向或迁居西德，极大地影响了东德经济的发展和社会生活的稳定。11月17日莫德罗牵头组成联合政府，提出与西德建立契约共同体的构想。声明说，两个德国的社会制度虽然不同，但却有着数百年之久的共同历史。东德愿扩大与西德的合作，并将这一合作提高到一个新的阶段。他主张通过"条约共同体"的形式来确立两德责任共同体，并准备就此与西德进行谈判。莫德罗政府的主张，目的在于尽量延缓统一进程，尽可能多地维护东德人民的利益。可是，为了推动统一的浪潮，实现统一的目标，科尔抓住历史赐予德意志民族的难得机遇，于11月28日，在联邦议院提出了令国内外许多政治家感到惊讶的关于建立德国邦联结构的"十点计划"，打算分三步实现德国统一的目标。第一步是建设"条约共同体"，在经济、交通、环境保护、科技、卫生和文化等方面成立共同委员会；第二步是发展两个德国之间的邦联结构，建立一个经常协商和负责政治协调的政府联合委员会、一些共同的专门委员会和一个共同的议会机构；第三步，逐步向建立一个统一的联邦政府过渡。

柏林墙的开放密切了两德人民之间的感情，进而导致东德国内要求统一的呼声日渐高涨。东德领导人，也从两个月前的"不符合现实"，转变到赞成统一。1990年1月29日，莫德罗应苏联政府邀请访问苏联。会谈中，戈尔巴乔夫表示"不排除今后德国统一的可能性"。这一明确表示，第一次为德国统一开了"绿灯"。边界的开放，人员往来手续的简化，实际上已开始两个德国由下而上，由局部到整体实现统一的进程。莫德罗访苏后提出关于德国统一的四点方案，希望德国应该成为德意志民族所有公民的统一祖国。科尔立即表示欢迎，并准备在东德人民议院选举后，立即与东德谈判德国统一的步骤问题。1990年2月7日，科尔主持了联邦内阁会议，通过了如下决议：（1）建立德国统一内阁委员会。（2）内阁委员会当日举行成立会议。委员会下

科尔与东德群众

设6个工作小组,专门研究与统一相关的问题,并为统一做具体的准备工作。这6个小组是:建立货币联盟,处理财政问题;东德经济改革、能源、环境和基础设施的发展;劳动和社会福利制度;法律问题;国家结构和公共秩序;外交和安全政策。(3)联邦政府声明,愿与东德立即开始就与经济改革有关的货币联盟进行谈判。在统一的方式上,西德方面主张东德按5个州的建制,根据西德《基本法》第23条分别申请加入联邦德国。

2. 三月大选

1990年3月18日,东德人民议院举行选举。鉴于这次大选关系到德国统一的进程和未来,也关系到1990年西德大选的结局和科尔总理的地位,因而西德各主要政党,都积极支持其在东德相应的兄弟政党,为它们撑腰打气。结果,由基督教民主联盟、德国社会联盟和"民主觉醒"三党于1990年2月5日组成的德国联盟,在意料之中获得这次大选的胜利,该联盟推举的候选人、东德基督教民主联盟主席德梅齐埃当选东德总理。科尔兴奋地宣称东德此次选举是德国历史上"一

东德总理德梅齐埃与科尔

科尔在东柏林讲话

场最和平的革命"的成果,并预言"向德国重新统一迈进已是不可抗拒的了"。

科尔本来是倾向按照他在1989年11月宣布的"十点计划"逐步实现德国统一的,然而东德迅速恶化的经济形势和政局的动荡不稳迫使他急于推动两德货币联盟的建立和加快德国统一的步伐。据统计,仅1989年一年,东德因公民出走就减少了32万人。柏林墙开放以后,每天仍有两三千人出走到西德。尽管西德政府想尽了一切办法制止人口的进一步流动,但收效不大。科尔意识到,边界的开放固然对两德公民的交往带来了方便,但如果没有西德马克,对东德公民来说,也没有多大的实惠。倘若让西德马克在东德作为第二货币流通,则会带来混乱,甚至灾难。因此唯一的办法只能是,尽快实现货币统一,让西德马克取代东德马克,在东德市场上流通,并立即在生活、福利上见效,才能阻止东德公民的继续出走。

要实现两个德国的货币联盟,最重要的是东、西德马克的比价如何确定。在各方经过慎重研判和激烈的讨价还价之后，西德政府关于货币联盟的基本立场是：西德马克与东德马克兑换的比率分三种：（1）工资、薪金、助学金、房租、租金和养老金，以及其他经常性的生活开支按1∶1的比率兑换。东德永久性居民，每人可以按1∶1比率兑换如下数量的现金和银行存款：14岁以下的儿童，可兑换2000马克；15岁至59岁的公民，每人可兑换4000马克；60岁以上的公民，每人可兑换6000马克。超过这个数量的金额，以2∶1的比率兑换。（2）其他债务和清偿手段，原则上按2∶1的比率兑换。（3）住址和企业总部在东德以外的财产，以3∶1的比率兑换。条件是，它们必须是在1989年12月31日以前注册的。

1990年7月1日，两德货币实现统一，经济和社会联盟条约付诸实施。为此，德意志联邦银行进行了充分准备，总共印制了6000吨价值为243亿马克（约合147亿美元）的4亿张纸币和5亿枚价值7亿马克（约合4.242亿美元）的硬币，并把它们运往东德13家国家银行。然后，东德政府再把这些西德马克分发到全国3000家银行和7000家兑换处，其中包括邮局、车站和旅游中心等办事机构。

我还清楚地记得，在东西德货币联盟生效的前一段时间，西柏林黑市外汇兑换点热闹非凡，西德马克兑换东德马克的比率一路飙升，直至达到1∶7或8，甚至1∶10。而在东柏林市场上，各个商店纷纷在进行清仓销售，西服套装、鞋子几个东德马克，西装裤子甚至一个马克就卖。那些日子，可忙坏了使馆人员的夫人们。每到中午休息或下午下班后，夫人们便成群结队到东柏林商店去"扫荡"，每每都有斩获。有时，夫人们到服装商店看到一铁架子的西服裤子和上衣都是一两个东德马克一件，于是便用手一指，整架衣服全要了！那时节，是中国外交官夫人最为得意的时候，花钱大方，再也用不着抠抠搜搜。据说，苏联盛产钢精锅。我们驻苏使馆中有的人，满房间堆着一些钢精锅，大的套小的，一个摞一个，甚是壮观。别人问起，你用得了这么多锅子吗？答曰，用不了，但是自己看着舒服。

3. 外部条件

德国统一是两个德意志国家人民的共同心愿，但它又并非只是两个德国的事情。因为德国统一不仅涉及德国邻国的安全和利益，也涉及整个欧洲的和平与稳定。德国作为第二次世界大战中的战败国，迄今对德和约尚未缔结，根据德国投降前后有关的国际协议，苏联、美国、英国和法国四大战胜国对整个德国和柏林仍然拥有管制、监督的权利与责任。可以说，解决德国统一问题的钥匙在一定程度上依然掌握在四个战胜国的手里。

在德国统一问题刚刚提上议事日程时，苏联、美国、英国和法国四个战胜国均对此抱反对或持怀疑的态度。美国总统布什表示："现在不是提出重新统一问题的时候。"法国国防部长忧虑地表示："统一后的德国将是一个非常强大的国家，它对法国将构成极大的威胁。"英国首相撒切尔夫人更是直截了当地指出："我们不能无视本世纪的历史。"她告诫德国人："要认真考虑欧洲其他国家的感情和利益。德国人不要忘记四个战胜国在德国的权利。"

有鉴于此，科尔在解决德国统一内部问题的同时，积极稳妥地开展了有计划、有目的的多边或双边外交活动，以逐步打消四个战胜国的疑虑，改变它们的态度。而苏联的立场和态度则是关键中的关键。尽管苏联总统戈尔巴乔夫支持东德进行改革，但他并不希望德国统一。在科尔提出德国统一的"十点计划"后，苏联认为，"考虑德国统一为时尚早"，并反对"人为地强行实现德国统一"。随着东德内部形势的急剧恶化，苏联不得不从根本上修改它的德国政策，否则它就可能会失去在德国统一问题上的发言权。1990年1月30日，戈尔巴乔夫在会见东德总理莫德罗时说，德国统一问题的提出并非出乎意料。从这时起，苏联在德国问题上的态度已发生根本性的变化。2月10日，西德总理科尔访苏，与戈尔巴乔夫私下交谈了四个小时，双方在德国问题上取得了共识。科尔激动地向新闻界宣布："今晚我要向所有德国人报告一个好消息。戈尔巴乔夫总统和我一致同意：德意志人是否生活在一个国家里，这要由两德人民来决定。"戈尔巴乔夫则明确表示：

科尔与撒切尔、里根

"（德国统一问题）应当由德国人自己来解决，并且由他们自己确定自己的选择，采用什么样的国家形式，在什么时间，以什么速度和在什么样的条件下实现统一。"此时，苏联已不再反对德国统一，条件是不能损害苏联的利益。

为满足苏联在经济上的需要和考虑到苏联的安全利益，欧洲共同体和北约先后于6月26日和7月5日举行了首脑会议。在德、法的推动下，欧洲共同体同意向苏联提供150亿美元的贷款。北约也在一些重要问题上满足了苏联的要求，例如改变北约的职能，发挥欧洲安全与合作会议的作用，确保欧洲现有边界等。与此同时，西德政府也与周围邻国解决了历史遗留问题，特别是与波兰政府重新确认了奥德－尼斯边界。

至此，德国统一的所有"外部问题"已全部解决，它与德国统一的"内部问题"的解决基本上保持了同步。国外舆论界普遍认为，科尔在处理德国条约"外部问题"上的认识能力和决断力完全可以与当年的德国铁血宰相俾斯麦首相相媲美。

4. 实现统一

两个德国的统一在迈出关键性的一步——建立货币、经济和社会联盟之后，进入了政治统一条约的谈判阶段。早在1989年底，西德内政部就公布了两德政治统一条约的草案。次年7月6日，两德部长级谈判在柏林举行。谈判任务是解决因德国统一所构成的宪法及法律问题。经过三轮谈判之后，双方终于在8月30日深夜达成妥协。长达1000余页的统一条约总共有46项条款。它详细规定了与东德加入联邦德国一切有关问题的具体解决办法，它确认两德和平、自主地，并通过民主自决的方式实现统一。条约承认欧洲现有边界。条约从确定德国首都到促进体育事业，并对德国统一后的政治、社会和经济制度、所有制、财产以及司法、科技和文化等所有领域都做了具体的规定。条约于10月3日正式生效。

10月2日，苏联、美国、英国和法国等四大战胜国驻柏林的代表

科尔与西德外长根舍

科尔与戈尔巴乔夫

签署了一项将柏林管制权移交给德方的文件。驻守在西柏林的美国、英国、法国宪兵车队在东柏林完成了最后一次象征性的巡逻任务。苏联驻东柏林的宪兵车队也于同一天在西柏林做最后一次同样的象征性的巡逻。驻守在西柏林的美国、英国和法国的指挥官在致西柏林市长的一封信中通知，三国在柏林的指挥任务将在10月2日午夜结束。也就是说，由美国、英国、法国和苏联等四国组成的"柏林盟国管制委员会"从此就结束了它们的历史性任务，东西柏林将合二为一，成为一个统一的城市。

从10月2日开始，德国统一的庆典拉开了序幕。德方领导人以会见的方式同苏联、美国、英国和法国驻柏林市的军事指挥官话别。下午，东德人民议院召开最后一次会议，然后宣布解散。晚上，东西柏林分别举行了音乐会。午夜时分，德国领导人从柏林帝国议会大厦出来，登上临时搭好的主席台。帝国议会大厦广场在德国历史上是一个很有纪念意义的场所。1918年11月9日，社会民主党人沙伊德曼曾在这里宣告德意志第一共和国的诞生。今天,举世瞩目的德国统一的升旗仪式,又将在这里举行。

10月3日这一天将取代6月17日,成为重新统一的德国的国庆节。此时此刻,科尔总理抑制不住内心的喜悦激动地说:"这是一个具有历史意义的日子。"魏茨泽克总统说:"在上帝和人类面前,我们德意志人负有责任,我们要在统一的欧洲中维护世界和平。"在大家唱到国歌第三段时,社会民主党名誉主席勃兰特的眼里噙满了喜悦的泪花。

德国统一前夕,中国政府决定撤销我国驻民主德国大使馆,改为中国驻德国大使馆柏林办事处。中国最后一任驻东德大使张大可先生提前离任。柏林办事处设主任1人,外交官若干,接受我国驻德国大使馆和外交部双重领导。我国第一任驻柏林办事处主任是刘昌业先生。10月3日清晨,我和几名同事参加了馆名换牌仪式。当时,我国驻德国大使梅兆荣应邀出席德国重新统一庆典和德国重新统一后的第一个德国国庆节活动。办事处派我陪同梅大使活动。国庆庆典在当晚举行。

德国统一庆典

我还清楚地记得，科尔总理精神抖擞，满面红光，满头大汗，他那魁梧的身影在德国帝国大厦的走廊里来回奔走，不断地与祝贺人员握手，不停地向欢呼人群招手致意，忙得不亦乐乎。

5. 深远影响

对于两个德国在分裂45年之后，于1990年实现重新统一，客观上讲，世界上绝大多数政治家事先都没有想到。当时比较一致的看法是，两个德国分属两个社会制度各异的两大阵营，分属两个严重对立的军事集团，即华约和北约，其背后是两个争霸世界的超级大国，在现有和平条件下实现统一是绝对不可能的。因此，很多人对于德国统一感到很突然，缺少思想准备。特别是英、法等国，它们是二战胜利国，是德国的占领国，在政治上有优越感，而德国战后历来就是经济上的巨人，政治上的矮子。两个德国统一后，人口有8000多万，面积近36万平方公里，成为欧洲最大国家，四国占领制度宣告结束，成为正常的主权国家，其政治经济实力远远超过英、法等国。德国统一之前，英、法等国千方百计阻挠或者企图延缓这一过程；统一后又散布"德国的欧洲，还是欧洲的德国"论调，用以宣传德国统一威胁论，压制

德国统一庆典

人民的节日

贬低德国。值得庆幸的是,德国政府在统一后,始终保持清醒头脑,严格遵守承诺,继续推行和平友好政策,积极促进欧洲统一进程,在世界上广结善缘,用实际行动化解了别国的疑虑,赢得了朋友,在当今世界,特别是在欧洲继续发挥着火车头的作用。

德国统一也对中德友好关系产生了积极影响。由于我们也存在着一个祖国统一问题,因此自从德国被人为分裂开始,中国就旗帜鲜明地支持德国统一,这一政策从来就没有动摇过。即使当时东德政府对我们有意见,我们也没有改变。与德国的有些盟友相比,中国在这一问题上的立场可以说是可圈可点的。德国政府对于中国的态度给予高度评价,并且表示感谢。

当然,毋庸讳言,两德统一一度为德国的经济带来沉重负担,并使其增长率在统一后数年持续放缓。根据柏林大学所公布的数据,两德统一的经济代价约为1.5万亿欧元,比全国的国债还多。当时德国东部的弱势经济状况及不切实际的两德货币兑换率令德国东部工业竞争力大幅下挫并使不少工厂倒闭，经济遭受重大损失。统一后相当一段时间，德国东部仍需倚仗每年一千亿欧元的特殊补助来重建其经济，从西部提供的商品资助亦使西德资源紧缺，最后导致不少原来受东德政府支持的亏损企业需要私有化。两德统一后，大部分前东德地区被"反工业化"，导致近20%的失业率。高失业率导致数以千计东德人移居到西部寻找工作，而令当地人口持续下降，以专业人士的流失尤为严重。转用欧元作货币亦被视为德国大部分问题的根源。德国中央银行则一直强调经济问题的起因不是欧元，而问题只有德国自己才可以解决，这代表中央银行暗示统一才是真正原因。另外，为换取苏联驻扎在东德的40万部队撤军，及其撤军后在苏联的安置，德国也付出了沉重代价。

在这里，我还想指出，在德国实现统一之前，东西德政府达成协议是按照联邦德国宪法第23条的规定，民主德国加入联邦德国，即换言之，民主德国是被联邦德国所兼并，联邦德国的社会制度自动覆盖全部德国，东德地区从上到下各级政权机构里，很多官员都是从西德地区选派来的。原民主德国官员，凡是参加过德国统一社会党（即

统一后的柏林市容

东德共产党），或者与该党有过合作关系的民主党派，均不能参政，甚至没有资格成为公务员。据一位原东德外交部的朋友透露，原东德外交部官员在统一前夕需要填写表格，交代自己的社会关系和工作履历，除去个别技术人员外，其余大多被解聘。他们退休后的养老金，据说都低于他们的西德同行。有人心情沉重地表示，这是一场实实在在而又惊心动魄的阶级斗争。

三、反思东德消亡

（一）内因？外因？

当年，在苏联东欧社会主义阵营中，东德属于高度发达工业国，科学技术先进，人民生活水平在这一地区最高，人们生活比较富裕，洋房汽车相当普遍。其机械设备和工业产品先进，是苏联东欧各国的抢手货。民主德国又处于华沙条约的最前沿，因此，战后它始终是社会主义阵营中的重要成员，是苏联的最重要合作伙伴，一直得到苏联的特别重视。战后，根据盟国达成的有关协议，苏联在东德地区始终保持驻军，最高时达40万。就是这样一个由德国统一社会党领导达40多年的社会主义国家，1989年突然发生严重政局动荡，并且形势迅即失控，国家机器顷刻瓦解，并于次年被资本主义的西德所吞并。民主德国的消亡原因，非常值得我们以及后来人进行认真研究、深刻反思，甚至有些教训值得汲取和借鉴。

客观来看，苏联东欧的剧变和解体原因非常复杂，既有内因，也有外因。究竟是内因为主，还是外因为主，看法也各不相同，见仁见智。现就我本人对民主德国的了解，谈谈自己的一些粗浅看法。总的来说，我认为东德国内原因是根本性的，即注定东德迟早要消亡；外因则是引发剧变快速升温的催化剂，即注定着何时消亡。

1. 东德经济远远落后于西德，人民生活水平差距日益扩大，人心思变,这是东德消亡的根本原因。在苏联东欧集团中,东德确实属于发达国家,生活水平较高,市场供应比较丰富,柏林市民住房条件较好,其他地区较差。但是,西德的存在是东德的宿命。西德与东德本是一奶同胞,因为战败被人为分裂成为两个国家。当时,西德在当今世界上是数一数二的发达工业国。东德百姓凡事不同东欧国家相比,却都要同西德相比,衣食住行都与西德同胞有很大的差距。比如,市场供应比较匮乏单调,热带水果根本见不到,家用小轿车款式质量不如人家,东德生产的轿车最好的是"瓦德堡",普通的是"特拉班",即卫星牌,而且是塑料壳,又要提前几年预订。西德人假期旅游,可以满世界跑,而东德人则受到种种限制,只能到苏联东欧地区度假,到西方要申请,换外汇要限额。如此种种,东德人心里非常不平衡。再加上西德广播、电视、报纸等宣传机器的每天24小时的狂轰滥炸使不明真相的许多东德人总以为西德是天堂,东德是地狱,心中向往西德的人占有相当数量,每天都有东德人千方百计逃亡西德。这就是东德的人心所向。

东德经济之所以落后于西德,究其原因,我想主要是这样几个方面:一是先天不足。在二战之前,

东德国务委员会大楼

东德生产的轻工产品

东德生产的"卫星牌"轿车

东德地区基本上是政治中心、文化中心、商业中心，例如柏林是帝国首都，莱比锡有商品博览会，德累斯顿有举世闻名的画廊，等等；主要工业基地和矿山工厂均分布在西德地区，这就造成了东西德地区经济社会发展的严重不平衡。二是战争赔偿问题。根据雅尔塔和波茨坦协定，战后两个德国都需要向战胜国进行赔偿。实际上，苏联红军攻入东德境内后，由于东德地区满目疮痍，几乎无力进行战争赔款，斯大林就断然下令，拆除当地工厂企业、铁道设施，充当赔款，运回苏联。据说，苏联的基辅照相机工厂前身就是来自东德的蔡司工厂的设备。还有消息说，斯大林对攻入柏林的部队放假3天，苏联红军奸淫抢杀，影响极坏。苏联自私野蛮的行径大大影响了东德工业化的进程。相反，西方盟国占领西德地区以后，出于对冷战时代的前瞻性的大战略思考，为了将西德打造成西方在冷战时期的桥头堡和反共基地，不仅没有向当地政府索取赔款，美国甚至出钱出力，推行马歇尔计划，大力扶植西德政府，帮助西德恢复经济。这样一反一正，东西德经济从一开始就不在一个起跑线上。三是苏联东欧的拖累。东德自从建国起就成为苏联东欧社会主义阵营的重要成员，自从加入以苏联主导的华沙条约

东德群众抗议示威

东德群众排队购物

军事组织和经济互助合作委员会(简称"经互会")以后,就成为它们的重要合作伙伴,成为这些国家所需机械设备的主要供应国。东德基于德国战前的老工业基础,其产品技术比较先进,产品用不着多大改进就成为它们的抢手货,而换回来的却只是记账卢布,并非硬通货。东德外贸的70%-80%都是与经互会成员国进行的。结果是,东德经济体制僵化,技术改造缺乏动力和资金,社会福利政策难以为继,国家财政捉襟见肘,靠吃老本过日子,与西德经济水平的差距越拉越大。

2. 东德政治上的高压,致使本来就民怨沸腾的国内局势更加激化。面对在经济和社会福利政策方面与西德相比的弱势和短板,长期以来,东德领导人使用胡萝卜加大棒的政策来控制局势,对付群众日益增长的不满情绪。昂纳克1971年接替乌布利希上台以后,一方面强调"经济政策与社会福利政策相统一",试图在力所能及的范围内不断提高人民的物质文化水平,甚至不惜动用全国之力,尝试将东柏林建设成全国样板城市,调动各地建筑工人来到柏林,修建居民住房,以改善居住条件,赢得群众支持率;另一方面进一步加大了在政治、意识形态等方面的控制力度。

像所有的分裂国家一样,由于存在着资本主义西德作为参照物,东德的许多政策和做法往往要比其他国家更加极端和偏"左",缺乏变通。东德1949年建国以来,所做的最不得人心的事情:一是1953年武力镇压工人反抗。当年工人反对计件工资和恶劣生产条件而举行起义,遭到当局和驻德苏军的镇压;二是1961年封锁两德边界,修建柏林墙。这一举措加剧了东西方冷战气氛,为苏东集团悬挂上一层厚厚的铁幕,彻底摧毁了东德公民自由旅行的梦想。乌布利希时期甚至禁止居民家的电视天线朝着西柏林和西德,将接收西柏林和西德的电视和广播频道完全屏蔽掉;三是加强了国内的书报检查和对知识分子的压制,特别是逐步建立起覆盖全民的监听监视网络,甚至采取"互相打小报告"和告发等手段,极大地伤害了群众感情和党群关系,后果确实是灾难性的。东德剧变后披露,东德共有1700万人口,人民唾弃为"施塔粹"的安全部门竟拥有8.5万名专职人员,并招聘有10万名义务人员,其比例相当可观,也就是说几乎东德每人的一言一行都处在国家安全部门的掌控之下。这比美国情报人员斯诺登的类似爆料并不逊色。难怪在1989年的动乱中,人们首先就选择冲击和烧毁

东德安全机构人员

了国家安全部大楼。

3. 东德领导人的特权思想和贪腐行为，成为国家消亡的助燃器。在群众的心目中，特别是在老一代工农群众思想上，民主德国是一个有别于资本主义西德的社会主义国家，战后由德国共产党和社会民主党合并成立的德国统一社会党是马克思主义的政党，本应践行马克思列宁主义，全心全意为人民服务，领导全国人民建立一个比资本主义西德更加自由富裕的新国家。战后几十年来，东德领导人也是如此宣示和表态的。可是，剧变后揭露出来的东德领导人的特权和贪腐行为却骇人听闻，令许多老党员和群众心寒，有的甚至伤心痛哭，认为领导人言行不一，欺骗了党员和群众。

主要表现：（1）大搞个人崇拜。二十世纪五六十年代带有乌布利希清教徒式的印记，领导人的道德尚未明显堕落。进入80年代，传统上下级关系日益蜕变为奴颜婢膝，越来越多东德人对此嗤之以鼻。党员在墨守成规，因为有人告诉他们，对付阶级敌人必须团结一致。那些让人强烈地回忆起纳粹时代的盛大游行和鼓掌欢呼集会日甚一日，并且颇具欺骗性。假话套话连篇累牍，参加游行的青年人佯装群情振

东德群众取道捷克逃往西德

奋,站在观礼台上的老者却信以为真。最高领导人在台上照本宣科,游行群众则在台下谈天说地。

(2)脱离群众的特权。据东德最后一位总理莫德罗的秘书披露:"对于领导人自取和优惠的规模,群众义愤填膺。目睹极少数人享有的特权,并且包括他们的孩子和孩子的孩子,德国统一社会党许多党员大为震惊,乃至绝望。关于特供商店、特别狩猎区、配备有特殊设备的别墅的谣传,不胫而走。真正揭露出来的丑闻,远远超过人们的猜测,从而引起更大的愤怒。国内稳定一度受到严重威胁。""在随从们的陪同下,一名政治局委员风风火火地来到德累斯顿专区。晚上,他们像往常一样,在一家宾馆大吃大喝起来。在酒足饭饱之余,主宾就想拍拍屁股走人。"东德领导人"若做西装,连同衣料和配料,则统由西柏林成衣店负责……所用专家都是从柏林墙那边过来的,并且支付的是那边的货币。政治局的先生们统统如此,无一例外。在他们及其趋炎附势者看来,首都的裁缝以及科特布斯或者古本(注:均为东德城市)产的布料都不称心。"再例如"政府专机问题"。这个概念背后,准确地说隐藏着14架各种型号的飞机,由军队管理,随时

东德人民军

为最高领导人服务，既有出差，也有度假，夫人们往往同行。他们使用起来毫无顾忌，奢侈程度超过世界任何同类国家，从不过问费用如何。专机用品几乎全是西德的进口货，从香烟到巧克力，到早餐酸奶、果酱、糖煮水果、矿泉水、土豆烧牛肉和面条，等等，不一而足。

（3）瞎指挥和以权谋私。例如德国统一社会党中央主管经济的政治局委员米塔格，曾经执意要在吉特西修建一座危险的纯硅厂。由于当时德累斯顿专区第一书记的坚决反对，该工厂才终于没能建成。外贸部主管东西德贸易的国务秘书沙尔克严重背信弃义，曾指示挪用外贸部资金，并花费国家大量外汇为米塔格及其两个女儿营造3处私房。此外，他还耗资近20.6万马克在高岑为自己修建别墅，并要求承建单位不要入账。长期以来，东德领导人文过饰非，报喜不报忧，对正直干部打击报复。例如，在莫德罗担任党中央宣传部长时，昂纳克某天当面交给他一张东西德商品价目对照表，并指示报纸必须予以刊登，以证明民主德国的生活如何如何优越。莫德罗看后，随手将其中的牛肉和匈牙利香肠两项划掉。昂纳克质问他为何随意改动，莫德罗答曰：我所划掉的，乃是我们国内根本买不到的东西。昂纳克气急败坏：你可不要充当杜布切克第二哟！在莫德罗担任德累斯顿专区第一书记时，由于一篇实事求是的报告，被打成"天下本无事，庸人自扰之"，险些被撤职查办。东德领导人的所作所为进一步加速了其执政党地位的丧失。

4. 东欧各国相继迅速瓦解，它们是苏联战略收缩的牺牲品。战后，东西方冷战持续了数十年。美苏两个超级大国争霸世界，打得难分难解，各有所得，也各有所失。二十世纪八十年代起，美国瞄准苏联综合国力远远落后的致命弱点，利用庞大的军备竞赛计划，特别是星球大战计划，妄图拖垮对手，最终战而胜之。结果是，苏联国民经济结构严重畸形发展，工业中军工突出，民用工业明显薄弱。一个有着70多年历史的堂堂社会主义大国，卫星可以上天，核武器可以摧毁美国若干次，然而轻工产品却供应紧张，农副食品长期严重短缺，百姓怨声载道。直到苏联领导人执政后期，大概是从安德罗波夫起，他们才意识到形势的严重性,决意开始改革。到戈尔巴乔夫,他开始公开祭起"改革"大旗,大刀阔斧地对外收缩外交战线,对内进行全面改革,以求改变被动局面,提高效率,增强国力,重振苏联的大国地位。虽然为时已晚,且缺乏科学有效的改革方案,但他也是冒着极大风险,背水一战了。结果是赔了夫人又折兵,不仅东欧各国共产党政权被葬送,超级大国苏联也分崩离析,不复存在,戈尔巴乔夫本人成了千古罪人。

苏联收缩外交战线的一个重要内容,就是打算逐渐卸去东欧这个沉重包袱。二战之后,东欧几乎所有社会主义国家都是由苏联红军解放而成立,并且扶植各国共产党上台执政。它们成为苏联的天然盟友和战略屏障。另一方面,为了维护社会主义阵营,长期与以美国为首的西方阵营对抗,苏联在政治、经济、军事等各个领域都做出了巨大贡献和牺牲。仅石油和天然气一项,原本可以换得大量急需外汇,苏联却几十年负责供应东欧国家,换取的却是记账卢布。从某种意义上说,东欧各国显然已经严重掣肘了苏联经济的发展,甚至成了它的沉重包袱。为了达到卸去包袱的目的,戈尔巴乔夫可以毫不作为,眼睁睁地看着这些国家政局动荡,反对派上台,共产党政权被推翻,资本主义复辟,甚至革命者遭受迫害,其领导人惨遭杀戮。事实上,在东德政局剧变的关键时刻,驻守东德的 40 万苏联大兵得到的命令是老老实实待在兵营,不准介入当地动乱。就这样,20 世纪的又一个最大神话诞生了,不可能成为可能,几百万苏联红军的鲜血付之东流,东欧各国共产党政权毁于一旦,二战之后确定的雅尔塔格局宣告终结,欧洲版图重新改写。

(二)昂纳克印象

1. 昂纳克其人

自从 1970 年在中国驻民主德国大使馆参加工作后,我的编制在政策研究室,经常担任大使翻译。有重要代表团来访,我也要担任代表

昂纳克与人民军士兵

东德领导人向苏军烈士墓献花圈

团口译。因此，我经常有机会见到东德领导人，并有幸结识了乌布利希、昂纳克、克伦茨、莫德罗和德梅齐埃等。其中，接触最多的要数昂纳克了。从多次陪同大使和使馆主要外交官到当年坐落在施普雷河畔的国务委员会大楼向同时担任东德国务委员会主席（国家元首）的昂纳克递交国书，到陪同各类代表团拜见，陪同大使或临时代办参加各种外交活动，应邀参加东德外交部组织的使团狩猎活动，昂纳克等领导人也经常参加……我们进行过无数次近距离接触交谈。80年代起，中国民主德国关系开始改善，双方相互往来增加，接触的机会更多了。

1986年昂纳克访华，1987年赵紫阳回访东德，都是我担任的首席翻译。

在我的印象中，昂纳克满头银发，带着一副褐色宽边眼镜，衣冠楚楚，精力充沛，讲话富有煽动性，属于典型的德国职业革命家。他1912年8月25日生于德国西部靠近法国的萨尔州，父亲是矿工，兄妹6人。他从小就受到家庭熏陶，参加了左翼青年组织，18岁（1930年）时加入了德国共产党。1930年到1931年，昂纳克在莫斯科国际列宁学校学习，回国后担任了德国社会主义青年联合会萨尔地区的领导，从1933年开始参加德国共产党的工作，但只能在地下进行。不过当时萨尔地区还不属于德国管辖，昂纳克曾在德国被短暂关押，很快就被释放。1935年12月，昂纳克被盖世太保拘捕，曾被关押在柏林的莫阿比特监狱。1937年被宣判重刑，入监狱监禁10年，1945年3月他被关押在勃兰登堡的戈登重刑监狱，战后被释放，曾长时间担任自由德国青年联盟负责人。1971年，在苏联领导人勃列日涅夫干预下，昂纳克接替乌布利希继任德国统一社会党总书记。伴随着政治危机和变迁，昂纳克以健康原因于1989年10月18日正式辞职。

同年11月，民主德国最高法院展开了针对昂纳克滥用职权和叛国罪的调查，他为此被收监关押，一天后即被释放。接下来昂纳克夫妇暂时寄居在一名基督教牧师家中，之后被转移到苏联驻军一家医院，直到1991年3月13日他们夫妇飞往莫斯科。在"8·19"事件后，俄罗斯总统叶利钦表示不再保护以前的盟友，他们被迫投靠智利驻莫斯科大使馆，因为当年民主德国在智利左翼总统阿

昂纳克夫妇

埃里希·昂纳克

昂纳克与夫人

连德倒台之后曾经收留过大量智利政治流亡者,他们与智方关系友好。据昂纳克夫人透露,朝鲜民主主义人民共和国和叙利亚曾先后表示愿意向昂纳克夫妇提供政治避难。

鉴于联邦德国已下达逮捕令,昂纳克只身一人于1992年7月29日从莫斯科被遣返回德国。当时昂纳克已被确诊患有肝癌,但是由于他被指控对两德边界的逃亡者开枪射击命令负责,法院还是对他进行了审判。考虑到昂纳克的健康状况,对他的审判没有最终结束,1993年由柏林宪法法院搁置,允许他保外就医。同年1月13日,昂纳克获准飞往智利,与他的夫人和女儿索尼娅一家团聚。昂纳克于1994年5月29日因肝癌医治无效在智利圣地亚哥逝世,终年81岁。

2. 僵化的职业革命家

(1) 无家可归的国家领导人

直至1989年,昂纳克仍然坚信不疑:"如果建立的原因还没有消除,柏林墙就将会屹立大约50年,甚至100年!" "既非公牛,亦非驴子,能够阻止社会主义的脚步。"

解职后的昂纳克回到万德利茨家中闭门不出。随后数周里,民主德国发生了天翻地覆的变化,这一切他只能坐在电视机前默默观看。11月9日深夜,作为冷战的象征柏林墙倒塌。仅在当年年初,他还曾宣称如果没有特殊理由,柏林墙还将耸立五十年、一百年。变化来得太快太突然。12月3日,他被开除出党,到此时他的党龄已经有60多年了。与此同时,对昂纳克的调查取证工作也在紧锣密鼓地进行,其住所四周被布置了岗哨,电话线被切断,他本人也失去了行动自由。起诉书指控他滥用职权,随后又增加了叛国罪等内容。12月7日司法机关来人搜查了他的住所,他的夫人说道:"看哪,埃里希,这和1935年简直一模一样。"

此后5年里,昂纳克的生活有如时光重现,岁月倒流,重新经历了一遍三十年代的生活。那时他作为共产党员,压力愈大信仰愈坚定。现在他又要重新接受审讯,锒铛入狱了。区别是这次调查拘捕他的不是盖世太保或人民法庭，而是无孔不入的记者和民主德国的司法人员。不过这一切在他眼里都是一回事儿。

时过境迁，眼下的他与三十年代相比毕竟过了50多个年头，重病缠身，不再拥有未来，有生之年屈指可数。现在他唯一能够做的就是努力让自己表现得坚强起来，面对阶级敌人的挑衅决不示弱，可是做到这一点并非易事。他越来越难以集中注意力，医生诊断他的身体状况无法适应审讯的条件。以前对他患有肝癌的怀疑现在也得到了证实。1990年1月他接受了早已计划中的手术，术后18天就被从医院赶了出来。国家司法机关唯恐昂纳克利用出院到拘捕令下发这一段时间耍手腕逃避对他的调查，因此在他出院当天下发了拘捕令。住院期间，两名司法机关调查人员登门拜访。昂纳克回忆道："他们毫不客气地坐了下来。我和他们谈话并多次恳求他们离开病房。他们无动于衷。我喊道'你们简直比盖世太保还要残忍'。"来人走后，昂纳克服用大量安眠药才勉强入睡。次日他被拘捕入狱。两天之后因医生鉴定重新获得自由。尽管如此，此后的日子就再也没有消停过。

万德利茨住所的租约已经到期，他已无家可归。洛尔贝塔小村里

昂纳克与内政部长米尔克

克伦茨与莫德罗等

的一对牧师夫妇接纳了他,因为只有教会才能保护昂纳克夫妇不受外界干扰。他在那里并没有住多久。1990年3月,他主动请求驻德苏军提供保护。比利兹苏军野战医院特意为他们安排了一处住所,甚至还雇用了一个女孩收拾家务。来到比利兹之后,昂纳克不顾重病缠身,夜以继日地工作,每天七点起床,直到深夜才上床就寝,埋头书写辩护状。后来这部书被冠以《身处巨变中的昂纳克》的名字出版发行。当时任职的驻德苏军武装力量总司令马特维·布拉科夫回忆道:"昂纳克在医院与其他人的谈话中一再表达了这种信念,即只有社会主义才阻止了第三次世界大战的爆发。他是坚定的马克思主义者,至死不渝地忠于共产主义理想。人们对我说,他房间的矮柜上摆放着一个音乐盒,房间里经常传出《国际歌》的乐曲声。每晚就寝之前,昂纳克都要拧紧发条,垂手肃立,聆听这首全世界无产阶级的圣歌。"

就在比利兹避难期间,昂纳克经历了德意志民主共和国的消亡,两德统一,他所亲手缔造的国家已不复存在。从现在起找上门来调查取证的就不再是民主德国的司法机构了,而是联邦德国的司法人员了。事态发展日趋明朗,德国土地上的苏军武装力量将全部撤走,指望不上苏军继续为他提供长久庇护了。1991年3月,驻德苏军司令部收到苏联国防部的一道命令，司令员布拉科夫将军向总参谋长库兹涅佐夫将军传达了这项命令，将昂纳克夫妇从比利兹野战医院迅速带到苏军军用机场。库兹涅佐夫将军在机场请昂纳克夫妇以茶代酒亲切话别。起飞时间稍有延误。他们夫妇二人登上飞机最后一次前往莫斯科，此时自身尚且难保的戈尔巴乔夫并没有将他弃之危难于不顾。

（2）流亡莫斯科

联邦德国政府向苏联官方提出了强烈抗议，称其为"协助罪犯逃避司法惩罚"，要求立刻引渡昂纳克。但抗议是半心半意的，联邦德国此刻还有求于苏联，苏联尽管已批准了限定两德统一后对外政策的"2+4"协议书，但尚未正式递交波恩政府，直到昂纳克出逃之后两天才正式递交。戈尔巴乔夫并没有否认这两者之间的联系，报界纷纷猜测，戈尔巴乔夫事先已经将接昂纳克夫妇去苏联避难事通告了科尔总理。昂纳克本人则坚信，接他去莫斯科的决定事先肯定得到了联邦德国政府的首肯。现在看来不再会有出庭受审的危险了。

昂纳克夫妇到达莫斯科后被安置在一位苏共政治局委员住过的林中别墅里，两人在这里没能逗留多久。8月15日，莫斯科石破天惊，苏共内部强硬派分子发动了旨在推翻戈尔巴乔夫的政变。政变虽以失

昂纳克与葛罗米柯

败告终，但戈尔巴乔夫元气大伤。俄罗斯总统鲍里斯·叶利钦脱颖而出，成为新一代强权人物。政变期间，他最后一次对戈尔巴乔夫施以援手。解决掉政变分子之后，他就开始在众目睽睽之下以完全合法的手段向戈尔巴乔夫夺权了。昂纳克预感局势不妙。8月28日，他致信戈尔巴乔夫请求给予正式避难权。昂纳克写道，德意志联邦共和国企图将他公开审判的做法绝非出于法治考虑，而是图谋对无产阶级专政政权进行公开政治审判的表演。"我在法西斯的人民法庭上没有屈服过，今天更不会屈服，但我认为，联邦德国的司法机构无权将一个他们以前曾经承认的主权国家的领导人推上法庭公开审判。"

两周后，联邦德国正式提出引渡昂纳克的要求。昂纳克再次求助于戈尔巴乔夫，但是毫无用处。戈尔巴乔夫此时已经自身难保，无能为力，完全失去了话语权。昂纳克不得不做最坏的打算。他在有生之年最后接受的几次重要采访时，尽管看上去健康不佳，但心情依然乐观，仍对德国黑森州电视台说，他认为不会被引渡回联邦德国。然而12月24日风云突变，俄罗斯司法部长限定他在三日内离境，届时如

昂纳克与勃兰特

昂纳克与施密特

昂纳克访问西德

拒不执行将被强行引渡。昂纳克眼下只有一个选择,与夫人玛格特一道双双逃进智利驻苏大使馆,做智利大使阿尔梅达的客人。阿尔梅达曾于七十年代逃离智利皮诺切特军人政权,在民主德国避难。此次招待昂纳克夫妇真可谓投桃报李。昂纳克在智利驻苏使馆中待了7个月,健康状况急剧恶化。他与夫人共住一间狭小的房间,几乎足不出户。在此期间,柏林的国家检察机构正在加班加点起草针对他的起诉书。1992年5月大功告成,起诉书长达783页。当他们前来莫斯科正式提出引渡要求的时候,智利方面慑于联邦德国的压力不敢再继续顶下去了。29日,昂纳克被告知他已经丧失了在智利使馆的"做客权",留给他10分钟打点行装。苏联外交部的官员们已在门外等候多时了,他一出门就将被带到机场引渡回德国。在这个时刻,昂纳克与夫人玛格特互道珍重。他们草草商量了一下,认为玛格特最好不要陪同他一道返回德国,因为联邦德国的某些检察官正在张网以待,对她的调查也在进行之中。商量结果是昂纳克独自返回德国,玛格特则乘机飞赴智利与女儿团聚。

据说,就在昂纳克在莫斯科避难期间,朝鲜民主主义人民共和国发表声明,愿意无条件接受昂纳克赴朝,这在当时可是世界上绝无仅有公开表示愿意收留昂纳克的国家。金日成特意派专机飞抵莫斯科日夜守候在机场上,停留时间长达1个月之久,终因苏联方面不愿放人而作罢。

(3)走上被告席

如何处理回国的昂纳克,对于德国官方确是一件颇感头疼的问题。半年前他动身前往莫斯科的时候,舆论界如释重负。人们忍受昂纳克的时间可谓太久,现在终于把包袱甩掉了。柏林小报曾以《他们喜欢养着他就请便吧》为标题,表达了人们普遍的心情。眼下问题的关键是统一后如何对司法进行表述。在昂纳克滞留莫斯科的岁月里,大众的情绪发生了变化。对柏林墙枪击者的审判已经开庭,然而审判进行得并不顺利,给人的印象是大人物逍遥法外,小人物顶缸出庭。国家检察院将对柏林墙士兵的审判当作是对昂纳克及其他人民军高级将领出庭受审的前奏。如果审判之后不对他们量刑，把昂纳克作为同谋拉进来一道受审的话，从法律角度讲无论如何也说不通。公众的印象却截然相反，媒体表明大多数人认为从历史和道义角度考虑有必要审判昂纳克，从法律的角度上讲也是站得住脚的，无可非议。与此同时，许多人也有其他看法，这些看法也并非不无道理。

此刻昂纳克一心准备应付出庭，从他的表情上看似乎要破釜沉舟，不再报以幻想。他内心早就做好了准备迎接无法逃避的命运。柏林迎接他的是莫阿比特监狱，1935年他被纳粹拘留时就曾光临此地，故地重游，连关押的房间都没有改变，感慨良多。这更加坚定了他所抱定的想法，一切无非是一场闹剧，"德意志联邦共和国绝非是一个法治国家，而是一个右派当道的国家。"当辩护律师弗里德里希·沃尔夫前来探视的时候，看到了神色自若外表毫无改变的昂纳克，不由感慨道："我曾同无数当事人交谈过，每每惊诧于不同的人面对牢狱之苦做出的反应真是天差地别。人们也许会认为，以前风光无限毫无生活

昂纳克与科尔

拖累的人到了这里一定会怨天尤人，就此一蹶不振。情况并不完全如此，昂纳克就是一个很好的例子。他对自己的命运从不抱怨，从不绝望，也不怨天尤人，好像生活中什么也没有发生过一样，走起来依然昂首挺胸，说话和蔼可亲且从容不迫，表现出来的凛然气质令我肃然起敬。"

外在表现和实际感受却是两码事儿，昂纳克已不是第一次入狱了。监狱风景依旧，物是人非，此时的他已经与50多年前不可同日而语。谁能想到，为了给人坚定的假象他要花费多大的气力。他已经不抱幻想，因为公开出庭受审的日子已为时不远了，尽管辩护律师一再安慰他，说出庭受审可能会由于他的健康原因而取消。结果证明昂纳克是对的，3个月后法庭正式开庭，辩护律师措手不及，只好连夜研究起诉书中的各项指控。

起诉书指控的内容主要集中在两德边境上滥用射击武器和埋置SM70粉碎性地雷两个方面，一共列举了68项诸如原告人越境未遂、中弹身亡或严重受伤的指控。到了10月份，为了不使出庭时间拖延太长，起诉书上只剩下了12项具体指控。起诉书中最主要指控的法律依据是，根据德意志民主共和国刑法第112条，"凡蓄意夺取他人性命者将被判处最低10年、最高无期徒刑的处罚"的内容做出的。但是

昂纳克与卡斯特罗

1982年民主德国颁布的边境管理法中对此却加以限定，在某些情况下允许开枪射击。在以往的审判中原告方面已经面临过这个司法解释的难题，但当时法庭有权裁定，边境管理法不具备法律效力，因为这项法律与人权法的基本精神相抵触。在11月3日昂纳克正式出庭前几天，上述裁定经德国最高法院批准生效。

许多法律学者认为，即便如此，这个问题也没有得到令人信服的解决，昂纳克的辩护律师也指出，引用所谓"特殊法"的目的无非是为审判者在政治和道义上进行审判寻找依据，他在法庭上直言不讳地申辩，这不过是"一场政治审判和战胜者的法律"而已。

除此之外，另一个司法困境来自于被告是否享受起诉豁免权的争议。埃里希·昂纳克曾是德意志民主共和国党政机构的最高首脑，这样的身份应该可以享受刑事豁免。可是他所一度代表的国家已不复存在，现今德国与从前的民主德国之间的民事法律关系错综复杂，人们不禁争议，这样的豁免权是否适用。在联邦德国眼中，德意志民主共和国根本算不上是外国，早在1987年昂纳克出访联邦德国前夕，联邦德国就有人为了不使昂纳克遭遇难堪，对德国《基本法》的有关规定加以补充，以便让昂纳克在访问期间免遭逮捕的厄运。可这项补充规定，在昂纳克被解职以及德意志民主共和国寿终正寝的今天已不再适用。国家检察机关对此问题处理倒是简单明了，宣布昂纳克不再享受任何刑事豁免，终于为开庭审判扫清了司法解释的障碍。

但最大的障碍还不是在法律方面，而是这些被告人的无一例外年事已高。算上昂纳克一共有5人必须出庭受审，他们全部为国家人民军的高级将领，国家检察机关认定他们对边境流血事件负有不可推卸的责任。他们是米尔克（内政部长）、斯多夫（部长会议主席）、凯斯勒、施特雷勒茨以及阿尔布莱希特（3人均为军队负责人），都是年逾花甲的老人，米尔克出庭时已年满85岁，其他人除施特雷勒茨外也都是70岁以上的高龄了。

1992年11月12日，莫阿比特刑事法庭正式开庭，审判分两个部分进行，前一部分没有太多令人感兴趣的地方。昂纳克在法庭上两度中风晕厥，庭审不得不数度中止，此后程序极为漫长。庭审进入第二阶段之后完全变成一场丑恶的闹剧，此时的昂纳克已病入膏肓，生命垂危。控方一再要求出示医疗诊断证明，遭到舆论的非议，报界也多有报道。法庭也多次就昂纳克个人健康状况是否适合出庭进行了讨论，公众感到最后可能不得不接受这样一个事实，昂纳克将出狱免受追究。

（4）大义凛然

12月3日，庭审进入第六天，昂纳克出庭宣读辩护词。他昂首阔步缓缓走上被告席，双目炯炯直视首席法官，沉着冷静地开始宣读人们期待已久的辩护词。首先，他宣称这个法庭无权对他进行控告和宣判。这个所谓的德意志法治机构曾经控告和宣判过诸如卡尔·马克思、奥古斯特·倍倍尔、卡尔·李卜克内西以及其他许多社会主义者和共产主义者，今天，他能够来此与他们一道比肩而立深感荣幸。接着说，他本人目前重病缠身，恐怕活不到你们宣判的那一天了，所以为自己辩护就可以免了，但为德意志民主共和国、为社会主义信念辩护还是非常乐意的。接着他海阔天空地引用德国历史及世界历史，表明其他国家、其他政权出于政治需要做出的决定也会殃及无辜者的生命，绝非是民主德国的专利，迄今为止，并没人追究它们在道义和法律上的责任。他追溯直到1933年的德国历史，并为他修建柏林墙的正确性辩护。他滔滔不绝列举越南战争和英阿马岛战争中的死难者，以及美国对利比亚的黎波里轰炸中罹难的无辜者的生命，美国总统乔治·布什一手策划的绑架巴拿马合法总统诺列加将军的丑剧。他最后提到了："那些对准土耳其库尔德少数民族和南非黑人的由德意志联邦共和国制造的武器装备，已经制造了无数无家可归者和市场经济的牺牲者。如果联邦德国的总检察机构的刑事犯罪局能够对此问题稍加关注的话，也许我将很快有机会与联邦德国的政要代表重新握手言欢，只不过地点要改在莫阿比特监狱了。"

接着他开始为德意志民主共和国辩护，指出近年来越来越多的东部人反思两个德国合并究竟给他们带来了些什么。"谁曾为民主德国辛勤工作过，谁的一生就不是白白度过的。越来越多的东部佬终将明白,德意志民主共和国的生活条件使他们受到的挫折要大大少于'西部佬'通过市场经济使他们受到的挫折。德意志民主共和国在托儿所、幼儿园和小学校中无忧无虑成长起来的儿童们,与他们在联邦德国被暴力控制校园、街道成长起来的同龄人相比,显然更为幸运。卧病在床的人们也将会明白,德意志民主共和国的医疗条件尽管在技术上相对落后,不尽如人意,但他们不用担心会成为医生们赚钱的对象。艺术家也终将会明白,所谓的或者真实存在的德意志民主共和国的检查制度与市场经济的检查制度相比,并不是那么仇视艺术。最后一点是,与德意志联邦共和国相比,相对贫穷和弱小的德意志民主共和国为她的公民们提供了衣食无忧、安全可靠的生活,在这里的人们曾认为这是天经地义的事情,而资本主义社会的日常法则使他们认清了安全保障的意义。"

昂纳克在法庭上口若悬河,滔滔雄辩,但他至死也不会认识或不愿意承认,为什么会有那么多本国公民掉头而去,用脚投票抛弃了民主德国。谈到30多年前他一手建起的柏林墙,他说这是一个"与北约相比相对弱小的华约组织,动用军事手段保持力量平衡不得已而为之的象征"。但他绝不承认德意志民主共和国仅仅是依靠了柏林墙才得以生存下去的事实,宣称建造柏林墙本身就表明了"社会主义制度只要愿意,就可以比资本主义制度做得更好的象征"。他最后说道:"我的申辩就此结束,现在你们可以做你们原本无权所做的事情了,想要如何悉听尊便。"

昂纳克宣讲辩护词期间,大厅里鸦雀无声,所有人都在敛神屏息全神贯注地倾听着他的发言。辩护结束后,大厅里出现了短暂的沉寂,首席法官罗伊提岗一时语塞,无言以对。他沉吟片刻后宣布:"本庭还要进一步研究后再行裁定,现在休庭。"

出席庭审的所有人,都没有料到昂纳克还能做出如此有水平的辩护,旁征博引,语言犀利,打动人心。很多人原本以为昂纳克根本做不到这一点,因此深感诧异,不由得不对他另眼相看。

昂纳克在法庭上的表现堪称大义凛然,英勇无畏。已近风烛残年、来日无多的他，拼尽最后一丝气力，向公众、也向世界展示了一个共产党员的不屈形象。辩护长达 40 分钟，一气呵成。结束后他的辩护律师说，他的委托人今后将不再出庭发言。从现在起，他完全听天由命，静静地站在被告席上，对旁听席上的喝彩声叫骂声充耳不闻，他实在无力再做任何反应了。

（5）尾声

在此期间，昂纳克最新病情诊断结果也出来了，"昂纳克先生的身体状况正处在生死攸关的路口，死亡的概率很可能将大于生存的概率。"医生预测他的生命顶多还能维持 3 至 6 个月。有鉴于此，辩护律师强烈要求立刻放人，准备让昂纳克赴智利与家人团聚，但是原告方是不会轻易放弃的，代表柏林墙罹难者及其家属提出诉讼的律师对诊断的真实性表示怀疑，提议如果万不得已有必要在违反当事人意志的前提下从其肾部提取切片，以验证"是否真正出现了癌变"。国家检察机关为了抢在昂纳克释放前拖住他也想出了一招，以侵吞国家财产的罪名重新起诉昂纳克。但所有这一切不过是稍微拖延了一下昂纳克被释放的时间而已。

1993 年 1 月 7 日，新上任的首席法官汉斯·保斯正式宣布，对昂纳克及其他被告人的指控依旧成立，法庭上尽管出示了医生的诊断证明和病情恶化的报告，但仍无济于事。情急之下，昂纳克的辩护律师动用了最后一招，向柏林市立法院递交了一份申诉书，强烈要求停止对昂纳克的审讯，以免他的当事人在尚未裁决是否有罪之前死去。这样的审判不但严重损害了被告人的人身尊严，也有失德国司法界的体面。

几天后，柏林市立法院做出决定，明确无误地谴责了地方法院迄今为止仍未停止审判昂纳克的做法，命令立刻停止审判放人出狱。决定公布之时，辩护律师正在莫阿比特监狱，法律界同行通过电话告知了他这个消息。几分钟后昂纳克本人也得知了这个决定，连日来紧张不安的情绪一扫而空。辩护律师写道："昂纳克的反应如此强烈，让我不免担忧，他可能会乐极生悲而撒手人寰。"

随后几个小时十分难熬，昂纳克不得不在医院里再过上一夜，等待着翌日拘捕令正式解除效力。那是1993年1月13日，当日夜晚，昂纳克在朋友陪同下乘机飞往智利圣地亚哥与家人团聚。

七十年代初，智利军人发动政变推翻了左翼阿连德政府，建立了独裁军人政权，无数左翼人士遭受残酷迫害被迫流亡国外。德意志民主共和国出于道义和意识形态的考虑，接受了大批智利流亡者。随着智利民主化进程发展，皮诺切特军政权下台，流亡者纷纷回国高就，其中也包括昂纳克的乘龙快婿，后来担任了智利的外交部长。昂纳克在那里拥有无数官方和民间的朋友。当飞机落地，舱门打开的时候，他受到了无比热情的欢迎。如今的他真可算孤家寡人了，他的人民抛弃了他，争先恐后地逃离他所创建的国家。他最信任的党内同志背叛了他，将他扫地出门后开除出党。他毕生依靠的最强有力的靠山在最后关头出卖了他，把他交还给死敌接受审判。那些口口声声将他引为同路、具有相同意识形态的政府面对联邦德国强大的经济政治实力，无不噤若寒蝉不发一言。就在他身陷囹圄之时，全世界各国贺电雪片

昂纳克在智利逝世

般飞往波恩，祝贺德意志民族统一的历史性时刻。那个大腹便便的联邦德国总理，则被誉为"现代德国的统一之父"，享受着无上的荣光，品味着政坛生涯的凯旋。而他重病缠身，形影相吊，他所一手缔造的祖国早已不复存在，现今理论上的祖国恨不得将他置于死地而后快。他所毕生为之奋斗追求的一切，此刻都已化作过眼云烟，最终还是在资本主义的智利才找到了安身之地。人生如此，世态炎凉，悲凄之情，不问可知。望着欢迎人群一张张真挚的笑脸，手中挥舞着一面面德意志民主共和国国旗，老人的双眼不禁热泪盈眶，嘴唇嚅动喃喃道："感谢你们，感谢热情友好的智利人民！"

此后，昂纳克的生命还维持了一年。他整日闭门谢客。记者曾有一次偷拍到了他翻阅画报和在花园中浇水的照片。病情恶化的趋势曾一度被控制放缓，但终究无力回天，不久后他体内开始拒绝接受任何营养。1994年初春，他的体重急剧减少，不足40公斤。同年5月29日，他终于走到了生命的尽头。遗体翌日在圣地亚哥大公墓火化，骨灰交付给遗孀玛格特带回寓所保存，据说至今尚未下葬。

第三章

奥地利时光

一、出使奥地利

（一）赴任感言

经过在国内的短期逗留后，1995 年 5 月，我被派往中国驻奥地利大使馆担任政务参赞。2000 年 7 月，我被任命为中华人民共和国驻奥地利共和国特命全权大使，2007 年底奉命离任回国，前后在奥地利工作、生活总共长达 11 年。这段经历开创了我个人外交生涯的第二时期，使我和夫人有幸结识了美丽富饶的奥地利和热情好客的奥地利人民。可以毫不夸张地说，在 13 亿中国人民当中，能够有这种"天天看多瑙河，处处听华尔兹"且长达 10 余年经历的人，可谓屈指可数。而我们恰恰属于那极少数幸运者之一。

或许是由于职务的变迁——在民主德国，我尚是一个不谙世事的低级外交官，接触面有限；或许是由于政策执行的原因，等等，一定程度上制约了我国驻外人员的对外交往；或许是因为奥地利是一个小国——面积仅为 8 万平方公里，人口 800 多万，凡此种种，与民主德国相比，似乎地处中欧的奥地利距离我们更近，而且更感亲切。

在奥地利的 10 余年里，由于工作等方面的需要，我们从东到西，从南到北，几乎跑遍了这个国家的 9 个州，饱览了横贯奥地利的阿尔卑斯山脉的皑皑白雪，阅尽了世界上最适于人类居住国都的如画风光，聆听过从最西端的布雷根茨经萨尔茨堡到最东边的莫比什音乐节的天籁之音，经历了维也纳每年年初的各界无数场美轮美奂的联谊舞会，品尝了维也纳数不清的美酒佳肴（葡萄酒、咖啡、冰激凌、巧克力、甜点、炸猪排、烤肘子），等等，我们完全陶醉了，仿佛这个地处中欧的袖珍国家成为我们梦中的第二故乡。凡是到过奥地利的中国人都说，奥地利处处都是景，一年四季都是景。而奥地利朋友则说，因为中国太大，所以凡是访问过奥地利的中国人都赞美奥地利活像一个大花园。我们完全可以作证，上述两种说法都不为过。

俗话说，一方水土养一方人。奥地利这块美丽富饶的土地不仅培育出一大批世界顶级的音乐艺术大师，而且造就了勤劳智慧的人民。他们凭借着自己的一双手在冶金、机器制造、精密仪器、环境保护等领域创造出世界一流的技术。很多人大概还不知道，奥地利人首创了氧气顶吹炼钢技术和熔融还原炼钢法，德国生产的许多品牌的轿车上安装着奥地利制造的发动机，在中国许多名山大川行驶的旅游缆车大都来自奥地利，施华洛世奇水晶玻璃是经过奥地利人的智慧才焕发出如此璀璨的光辉，奥地利的山水天空是利用自己的先进环保技术才变得如此翠绿、清澈、湛蓝……

（二）使馆传说

维也纳市被划分成23个区，由内而外，数字越大距离市中心越远。市中心第3区有一个不大的使馆区。中国驻奥地利大使馆就位于该使馆区梅特涅大街4号，与英国使馆为邻，大街对面是德国使馆，再过去是俄罗斯使馆，大街尽头，靠近伦威马路的是意大利使馆。中

作者在驻奥大使办公室

国大使馆占地面积 1433 平方米。使馆有一个主楼供办公用,还有一附属小楼。使馆领事部和教育处在馆外另租办公地点。中国使馆驻地梅特涅大街,南北向,取名于奥地利帝国的一位首相梅特涅(1773—1859),19 世纪欧洲著名政治家、外交家,奥地利外交大臣(1809—1848)和首相(1821—1848)。他曾住在这条大街的南端一幢白色大理石建筑里,现在是意大利使馆。

梅特涅出生于德国莱茵地区的一个贵族家庭。在美茵茨大学期间,他受到了历史学家福格特的深刻影响。福格特提出了各主权国家之间采取实力均衡政策和维护中庸之道的贵族政治思想。1808 年,梅特涅被哈布斯堡王朝任命为外交大臣。奥地利当时处境十分危险。他临危受命,采取了均势政策,一方面通过安排玛丽亚·路易斯与拿破仑的婚姻稳住法国,从而调整了法奥关系;另一方面,他暗中向沙俄示好,力图借助俄国的力量平衡拿破仑的势力,减轻法国对奥地利的压力。梅特涅的政策取得了很大的成功,拿破仑放松了对奥地利的压力,很快与俄罗斯发生了冲突。1812 年,拿破仑远征俄国失败,法国被大大削弱。奥地利随后加入了第 6 次反法同盟,最终彻底打败拿破仑。欧洲列强于 1815 年在维也纳召开了分赃会议。从欧洲均衡的角度,梅特涅主张不能再削弱法国,同时他把俄罗斯看成了潜在的威胁。梅特涅曾被誉为"玩弄均势政策的高手"。20 世纪冷战时期,美国国务卿基辛格也曾利用过同样手段,以维系欧洲的和平与安全。1848 年维也纳百姓在欧洲大革命的影响下发动起义,梅特涅从这里乘坐 1 辆洗衣店的马车逃到伦敦,1851 年才返回维也纳,度过最后冷落孤独的岁月,1859 年病逝。

以他的名字命名的这条街长二百多米,宽十几米,原是梅特涅官邸的私人花园。他死后不久,他的后代就把官邸和花园都卖掉了。一些奥地利贵族在花园里修建了房子,并且把花园的小径扩建成一条街道,称为梅特涅大街。

梅特涅大街 4 号大楼建于 1897 年,原是一名银行家的私人府邸。建筑师为弗里德里希·沙赫纳尔。值得一提的是,使馆顶棚有 2 幅油画,小有名气。其一的主角是神话中的商业神墨丘利。他在豪华的地毯上和帷幔中游荡,手持权杖和钱袋,头戴飞翼头盔,被美女们所包围。他身边坐着的女人手掌齿轮——象征工业,左侧是2个农民,手持葡萄酒杯和谷穗野果。下方有一个仙女散花,伴有和平鸽子。上方有一群天使,与它相对的是劳动与生命源泉的象征。另一幅表现新的一天的开始,女神、雄鸡、火炬一应俱全。2幅油画作者是奥地利著名画家爱德华·菲特(1856—1925)。据说二战期间,为保护这2幅油画免遭纳粹毁坏,聪明的房主曾用灰料将它们掩盖了起来,战后才被发现。1971年5月28日中国同奥地利建交。1972年我国政府在朋友的帮助下购买了这栋大楼,作为大使馆办公地。

大使馆大厅顶棚绘画

（三）递交国书

1. 我的国书

一国大使，是该国国家元首派往驻在国的特命全权代表，是该国在驻在国的最高行政长官。执行公务时，大使座驾上可以插国旗。因此，对于中国大使的正确叫法是"中华人民共和国驻××国家的特命全权大使"，而不是"驻××国家大使馆的大使"。大使馆是为大使而设的馆，使馆所有人员理论上都是大使的秘书和工作人员，都对大使负责，而大使则对国家元首负责，具体来说就是对外交部负责。据了解，中国大使的任命履新正常程序是，先要外交部同意报批，经全国人大常委会讨论通过，然后通过我国驻外使馆征求驻在国意见。一般情况下，对方均会同意我方提名，只有在个别情况下，例如在双边关系紧张的时候，对方会找出种种借口加以拒绝。对方同意后，我方方可开始制作该大使的国书。所谓国书，其实就是一封介绍信，是国家元首介绍某位大使代表他到某国工作的介绍信，有国家元首签名，外交部部长副署。

我被提名担任中国驻奥地利大使后，于2000年5月17日由我国驻奥使馆向奥方征求意见，7月6日奥地利外交部照会答复同意。我的国书是由江泽民主席签名，唐家璇外交部部长副署的。全文如下：

奥地利共和国总统托马斯·克莱斯蒂尔阁下
阁下：

为巩固和发展中华人民共和国和奥地利共和国之间的友好合作关系，我任命卢永华先生为中华人民共和国驻奥地利共和国特命全权大使。

我相信卢永华先生将尽力完成他所担负的使命，请你亲予接待，并对他代表中华人民共和国政府所进行的工作给予信任和帮助。

刘昌业先生业已完成其驻奥地利共和国特命全权大使的使命，现予召回。我愿借此机会对他任期期间所受到的接待和帮助表示感谢。

中华人民共和国主席 江泽民

中华人民共和国外交部长 唐家璇 副署

二〇〇〇年七月二十日于北京
国字第1380号

大使国书复印件

奥地利共和国总统托马斯·克莱斯蒂尔阁下

阁下：

为巩固和发展中华人民共和国和奥地利共和国之间的友好合作关系，我任命卢永华先生为中华人民共和国驻奥地利共和国特命全权大使。

我相信卢永华先生将尽力完成他所担负的使命，请你惠予接待，并对他代表中华人民共和国政府所进行的工作给予信任和帮助。

刘昌业先生业已完成其驻奥地利共和国特命全权大使的使命，现予召回。我愿借此机会对他任职期间所受到的接待和帮助表示感谢。

中华人民共和国主席 江泽民（签名）

中华人民共和国外交部长 唐家璇（签名）副署

二〇〇〇年七月二十日于北京

国字第 1380 号

2. 递交仪式

递交国书仪式是一项庄严的外交礼仪。各国有各国的传统和做法，有的古典，有的现代，有的复杂，有的简单。而奥地利是我出任大使的第一个国家，真有点"大姑娘坐轿头一回"的感觉。为了更有把握起见，我们提前观看了有关录像，还在使馆进行过多次演练。在许多国家，为了提高效率，尽量减少国家领导人的负担，一般都是安排使节集中递交国书。在正式递交国书之前，需要先向驻在国外交部负责人递交国书副本。我是在 2000 年 8 月 3 日乘飞机从北京抵达维也纳当天，向奥地利外交部女部长瓦尔德纳递交的国书副本。

2000 年 9 月 21 日上午，奥地利外交部礼宾司一名副司长带领总统府的礼宾摩托车队和专车队来到我们使馆，迎接我赴总统府递交国书。按照惯例，大使递交国书一般都有使馆主要外交官陪同。我在奥方人员陪同下，身着中国传统礼服——深黑色中山装，乘坐一辆插着中奥两国国旗的贵宾车，前有 5 辆摩托车开道，后有政务参赞和武官乘坐的汽车随后，浩浩荡荡穿过维也纳市区，稳稳停靠在市中心英雄广场边上的奥地利总统府门前。总统府古色古香，非常气派，是奥匈帝国老皇宫改建的，著名的弗兰茨皇帝和西西公主曾在这里生活过。只见大门两侧卫兵肃立，门前三军仪仗队列队齐整。等我一下汽车，军乐团立即奏起中奥两国国歌。音乐毕，我在奥方礼宾官陪同下检阅了奥军仪仗队。整个仪式过程，引起不少群众和旅游者的围观喝彩。检阅毕，我便在众人拥簇之下进入总统府。

这一天，总统府内部装点得格外华丽庄严，鲜红的地毯，白色大理石楼梯两侧摆满鲜花，每隔一个台阶上都有礼兵持枪而立。我在外交部礼宾司长陪同下，穿过金碧辉煌的长廊，来到总统办公室外间的接见大厅。奥地利总统克莱斯蒂尔在总统办公厅主任陪同下，早已等候在那里。按照外交礼节，在递交国书之前，新任大使还不能与主人握手。我在距离总统5—6米远的地方立定，使馆随行外交官在我身后一字排开。接着，我就开始用德文诵读事先准备好的颂词，大体意思是本人担任驻奥地利大使期间，将竭尽全力为发展双边关系做出贡献，希望得到奥方支持。总统致答词。仪式毕，我便走上前几步，将

检阅奥军仪仗队

第三章 奥地利时光

向克莱斯蒂尔总统递交国书

与总统进行友好交谈

装有国书的印有国徽的大信封递交给总统。总统接过国书,同我握手,我再向总统介绍陪同的中国外交官。然后,克莱斯蒂尔总统与我进行亲切友好的单独谈话。完成这一仪式,我就可以正式以中国大使的身份进行活动了。在此之前,我不过是一位候任大使。

二、与奥地利领导人的情谊

(一)有争议的瓦尔德海姆

1. 瓦尔德海姆其人

在任职期间,我有幸结识了4位奥地利总统。我和夫人见到基希施莱格前总统时,他的身体已经相当虚弱。他为中奥建交做出了重要贡献。后来,我们结识前总统瓦尔德海姆,并结下了深厚的友谊。虽然舆论界对他褒贬不一,但根据我们自己的印象和经验,他热情、友好、坦诚,是一位伟大的奥地利人,是中国人民的好朋友。

拜会瓦尔德海姆前总统

库特·瓦尔德海姆，1918年12月21日生于维也纳的圣安德烈沃尔登。1939年入伍参加德国军队，担任翻译和传令官。1942年因受伤退役，重入维也纳大学学习法学，1944年毕业，1945年参加奥地利的外交工作，曾经两次被派往纽约担任常驻联合国代表。就在第二次担任这一职务期间，即1971年12月21日被联合国安理会推荐为秘书长。瓦尔德海姆是联合国第四任秘书长，1976年连任，1981年卸任。在这期间，他曾经主持召开中东和平会议，谴责以色列入侵黎巴嫩，被称为"世界各地政治危机的救火员"，是化解政治危机的高手。

2. 质疑历史

不久后，奥地利媒体披露，瓦尔德海姆在二战期间曾经在德国纳粹冲锋队担任军官，在巴尔干地区服役。此报道随即引起轩然大波，但他一直予以否认，奥地利国际形象因此受到严重打击。美国在1987年将他列入"监控名单"，禁止入境，这一禁令一直维持到瓦尔德海姆去世。美国的蛮横态度激起了奥地利人民的反感。1986年6月，瓦尔德海姆回国参加总统竞选并获胜，1992年卸任。1988年，一个由6

向瓦尔德海姆赠送礼品

名历史学家组成的国际委员会调查瓦尔德海姆二战时期记录后宣布，未发现瓦尔德海姆本人直接参与战争罪行证据，但他也从未采取行动阻止德军暴行。1996 年，瓦尔德海姆在自传中承认，自己隐瞒加入德国军队的经历是"一个错误"。他于 2007 年 6 月 14 日因病逝世，终年 88 岁。据说，奥地利新闻社得到了瓦尔德海姆"遗言"副本，上面显示他生前有意请求世人"谅解"。在遗言中，瓦尔德海姆写道："对所有反对和批评我的人，我致以问候，也请他们反省自己的动机，同时在可能的情况下与我和解。"他还表示，对纳粹暴行表明立场确实"太晚"，所以深感"悔恨"。"我确实犯下了很多错误，但我也有幸能有许多时间反省这些错误。"

3. 中国人民的朋友

在整个一生当中，瓦尔德海姆的妻子伊丽莎白始终是他的坚强后盾，3 个子女是他的慰藉，许多朋友也始终和他站在一起。奥地利《标准报》报道，时任美国加利福尼亚州州长的施瓦辛格是瓦尔德海姆的忘年交，多次"偷偷"地到奥地利看望他。虽然晚年重病缠身，但他仍然会见了不少中国朋友，以帮助促进奥中友好关系的不断发展。他

与瓦尔德海姆及其女儿

在自传中写道，在担任联合国秘书长期间，曾多次会见过邓小平先生，虽然双方有着不同的文化背景，但他感到双方的一个共同点是，致力于消除中国政治上的孤立状态，使中国在国际大家庭中占有不可替代的地位。有报道说，1976年周恩来总理逝世时，瓦尔德海姆秘书长曾指示让联合国大楼降半旗致哀。

维也纳是一个联合国机构城市，有20多个联合国下属机构设在这座城市，例如工业发展组织、国际禁毒组织、国际原子能机构，等等。世界石油输出国组织总部也设在维也纳。据说这也要归功于瓦尔德海姆。在担任联合国秘书长期间，为了提高奥地利的知名度，增强国家安全，他便努力将若干联合国机构争取到维也纳落户，因为作为联合国机构城市，是不会受到外国侵略的。奥地利政府在多瑙河畔拨款专门修建了规模宏大的联合国城，以每年每平方米1先令，后来改为1欧元的价钱，出租给联合国机构使用。

等到我们见到瓦尔德海姆先生时，他已是一位70多岁高龄的老者了，当时还担任着奥地利联合国协会主席的职务。他身材高大，但驼背却很明显，每次在公开场合露面，几乎都由其夫人陪同甚至搀扶，极少数情况下由他在联合国机构工作的女儿陪同。老人和蔼、谦逊，说起话来慢腾腾的。每次和我们见面，他都要站起身来和我们握手。他多次表示，感谢中国作为安理会常任理事国支持他担任联合国秘书长，他将永志不忘。瓦尔德海姆非常愿意接受我们的邀请，参加我们举办的一些活动，例如出席我馆举办的庆祝中奥建交30周年招待会和多次国庆招待会，应邀出席我国乐团和艺术家在维也纳金色大厅举行的音乐会，等等。我们还受委托向他转交过国内一位书法家赠送给他的大幅寿字。对于他的不幸逝世，我国领导人发来了唁电，我们也感到十分难过，参加了他的遗体告别仪式、奥政府在市中心的施特凡大教堂举行的追悼会以及他的葬礼，向他的夫人及子女表示了深切悼念。

（二）死而后已的克莱斯蒂尔总统

1. 克莱斯蒂尔其人

托马斯·克莱斯蒂尔，1932年11月4日生于维也纳的一个工人家庭，曾在维也纳经济大学攻读国际贸易专业，1957年获商学博士学位。大学毕业后在奥地利总理府供职，1959年至1962年在奥地利驻巴黎的经济合作与发展组织代表团任职，1962年赴奥地利驻美国大使馆工作，1966年任使馆经济联络处主任，回国后在奥地利总理办公室任职，1969年任奥地利驻洛杉矶总领事，1974年回国担任奥地利外交部国际司司长。1978年，他出任奥地利常驻联合国代表，1982年至1987年任奥地利驻美国大使兼驻美洲国家组织大使，1987年至1992年任奥地利外交部秘书长，1992年7月当选为奥地利总统，1998年4月连任。2004年7月6日，克莱斯蒂尔总统因器官衰竭医治无效逝世，终年71岁。

2. 与江主席的情谊

克莱斯蒂尔在担任总统之前，曾于1988年和1991年两次访华。1995年9月，他就任总统后首次应邀对中国进行国事访问。2001年5月，应国家主席江泽民的邀请对中国进行工作访问。克莱斯蒂尔总统对华态度十分友好。

江泽民主席与访华的克莱斯蒂尔总统合影

我于 2000 年 8 月赴任中国驻奥地利特命全权大使后，于 9 月 21 日即向他递交国书。我们商定，在不久后我将正式对总统进行到任拜会。从此，我们便开始了长达近四年的友好交往。

克莱斯蒂尔总统 1995 年访华时，我尚是驻奥使馆政务参赞。而他 2001 年的访问，我有幸亲自参与准备。按照惯例，外交是讲究对等原则的。克莱斯蒂尔总统 1995 年访华后，江泽民主席于 1999 年对奥地利进行过回访。在这之后，克莱斯蒂尔总统非常希望再次访华。但鉴于距离江主席访奥时间太短，他难于启齿。于是他多次托人放风试探。有鉴于此，我国政府最后同意他于 2001 年 5 月中奥建交 30 周年之际对中国进行工作访问。对于中国政府这一特殊友好安排，克莱斯蒂尔总统心知肚明，表示非常感谢。为了这次访华，克莱斯蒂尔总统也做了特殊准备。他知道江泽民主席非常喜爱音乐，但由于日程安排过于紧张，江主席 1999 年 3 月访奥时未能在维也纳金色大厅欣赏一场正式的音乐会，成了访奥的一件缺憾。为此，克莱斯蒂尔总统此次访华

总统 2001 年访华期间会见老朋友

专门从久负盛名的维也纳爱乐乐团中挑选出具有代表性的 6 名乐手随同访问,并在江主席举行的欢迎宴会上进行专场演出。这场演出取得了意想不到的理想效果,受到全场热烈欢迎。中奥两国领导人在优美的乐曲声中翩翩起舞,奥地利媒体纷纷予以报道,成了中奥两国友好关系的一段美谈。按照我国有关规定,我们夫妇有幸回国陪同克莱斯蒂尔总统夫妇访问,亲眼见证了这一美好时刻。克莱斯蒂尔总统夫妇圆满访华之后,即于 5 月 28 日应我们的邀请,破例出席我馆为两国建交 30 周年举行的招待会。克莱斯蒂尔总统此举将中奥友好合作关系推向了又一个高潮,在维也纳外交界引起了不小的轰动。

3. 值得信赖的朋友

在那些年里,我们与克莱斯蒂尔总统夫妇个人之间也结下了深厚情谊。凡是访奥的我国高级代表团,只要希望拜见总统,总统对我们的要求几乎是有求必应。如果说在我们的任期之内中奥关系不断得到发展,我们的工作取得一定成绩的话,那么我们应该感谢克莱斯蒂尔总统长期的支持、合作。正因为如此,我们对他的突然过早离世更感到分外悲痛。我们转交了中国政府的唁电,参加了他的追悼会和葬礼。

克莱斯蒂尔总统夫妇出席中国大使馆国庆招待会

第三章 奥地利时光

与克莱斯蒂尔总统夫妇合影

总统会见贾庆林主席

我夫人在慰问总统夫人时，两人不禁相拥而泣。在葬礼上，我们还偶然遇到了美国加州州长施瓦辛格，与之进行过简短交谈，施瓦辛格州长为我们签名留念。

值得一提的是，克莱斯蒂尔总统逝世前夕，奥地利刚刚进行过总统选举，社会民主党人海因茨·菲舍尔获胜，但尚未举行就职典礼。于是，奥方便在克莱斯蒂尔总统逝世后的第三天，即7月8日在议会大厦举办了一个非常奇特的仪式：先是当选总统菲舍尔的就职仪式，议会大厅里奥地利红白红三色国旗高悬，气氛庄严而隆重，当选总统发表就职演说。就职仪式结束后，稍事休息，接下来则是已故总统克莱斯蒂尔的追悼会。现场就像电影场景切换一样，国旗上挂上了黑布条，气氛顷刻之间变得肃穆而哀伤。驻奥外交团应邀出席了这一活动，见证了这一奇特仪式。

（三）老朋友菲舍尔总统

1. 菲舍尔其人

海因茨·菲舍尔 1938 年 10 月 9 日出生于奥地利南部城市格拉茨，大学毕业后很快步入政界，1980 年任社民党副主席。1983 年至 1987 年任联邦政府科技和研究部长，1987 年至 1990 年任国民议会社民党议会党团主席。1990 年出任国民议会议长，并于 1994 年和 1996 年两次获得连任。2002 年任国民议会第二议长。从 1992 年起，他一直担任欧洲社民党副主席。2004 年 1 月，菲舍尔被社民党推举为总统竞选人，同年 4 月当选，7 月宣誓就职。菲舍尔 1968 年与玛吉特结婚，生有 1 子 1 女。菲舍尔多次访问过中国。

菲舍尔总统是一位职业政治家，同时也是中国人民的老朋友。与瓦尔德海姆和克莱斯蒂尔相比，他个头不高，但十分精干，性情温和，和蔼可亲。夫人玛吉特是一名小学教师，同样平易近人。他多次访华，对我国情况比较熟悉。他每次见到我们，总是用中文"你好！"打招呼。他非常关注中国所发生的变化，高度评价我国改革开放所取得的巨大成就，十分愿意会见中国代表团，而每次谈话都喜欢刨根问底。他对发展双边关系持积极态度。他几乎对所有中国代表团都讲，奥地利议会中有四个党团，它们在许多问题上存在着分歧，但对于发展中奥关系却存在着广泛一致。在担任总统之前，他是我馆常客，也经常邀请我们到他在维也纳郊区的别墅里做客。每当双边关系中遇到一些棘手问题甚至困难，我们往往都求助于他。他也十分乐意帮忙，有些问题通过他的斡旋得到了解决。

2. 关注中国的"慧眼"

　　菲舍尔总统非常注意与我国高层领导人建立良好的私人关系。那是在他就任总统职务以后，有一天，他突然在一个外交场合悄悄问我，温家宝总理是不是应我的邀请访问过奥地利，请帮忙查一查。我听后一愣，因为我在此之前并没有听说过这事，但我还是应承了下来。返回使馆之后，我先查看了使馆档案，没有发现对这件事情有什么记载。于是我又向想得出来的当事人和当事单位了解情况。结果，中联部同志经过查档回复称，确有其事。那是在1988年。当时，我国领导层刚刚发生过一些人事变动，其中包括温家宝同志担任中共中央办公厅主任兼书记处书记。我国领导层的人事变动历来是西方关注的焦点。这次也不例外。菲舍尔立刻指示进行研究，并且广泛征求专家意见，看看究竟哪些政治家能够成为未来中国的明星，以便提前做工作。他们把目光集中到了温家宝同志身上。于是，菲舍尔就以社民党议会党团主席的名义邀请温家宝同志访奥。温家宝同志欣然接受邀请，率一

菲舍尔总统夫妇到中国使馆做客

菲舍尔总统在新年团拜时与大使握手

小型代表团对奥地利进行了友好访问。菲舍尔亲自出面接待,并与温家宝同志进行了深入交谈。

时隔多年,温家宝同志担任了中国总理,菲舍尔总统非常高兴,深感自己的眼光没有错,当年的一宝押对了。当我把确切消息告诉他时,他感到了由衷的满足。为了将这一友谊继续保持下去,菲舍尔总统当即指示正在国内公干的奥地利驻华大使史伟(现任欧盟驻华大使),请他以总统的名义带一块维也纳最好的萨赫大蛋糕在北京送给温家宝总理。史大使遵照执行。据说,蛋糕送到温家宝总理办公室后,温总理十分感动。他不仅亲口品尝了蛋糕,而且当即提笔给菲舍尔总统写下了一封热情洋溢的感谢信。温总理还附上一把大折叠扇,指示中国驻奥大使转交给菲舍尔总统。我当然也遵照执行。菲舍尔总统读着温总理的来信,抚摸着这把大折叠扇,心潮澎湃,眼睛不禁湿润起来。奥地利总统和中国总理的这段鲜为人知的亲切交往已经成为两国友好关系的又一段佳话,而我能够亲自见证这段佳话也是我的荣幸。

3. 主动把我介绍给习主席

2015年3月，菲舍尔总统应习近平主席邀请访华，并出席博鳌论坛。3月26日晚，奥地利驻华使馆商务处在凯宾斯基饭店举行盛大宴会，欢迎菲舍尔总统访华。我和夫人应邀出席。招待会上，我们同总统夫妇作为老朋友相见，分外亲切，互相拥抱，热烈交谈。27日中午，习

与总统亲切交谈

离任后的菲舍尔总统

近平主席夫妇在人民大会堂为菲舍尔总统夫妇举行隆重的欢迎国宴。我作为前驻奥地利大使,荣幸应邀出席。国宴结束后,菲舍尔总统夫妇在习近平主席夫妇陪同下缓缓步出宴会大厅。就在他们来到大厅大门口时,菲舍尔总统一眼就认出了站在大门口的我。菲舍尔总统紧赶几步,径直朝我走来。他一边紧紧握住我的手,一边向习主席介绍说,他是中国前驻奥大使,也是我的好朋友。习主席面带微笑,频频点头,亲切地说,你为中奥两国友谊做出了很大贡献嘛。接着,习主席又抬起手来,说还有总统夫人,示意我也与总统夫人握手。出于礼节,我与总统夫人握手之后,还与习主席夫人握了手。这亲切的一幕,令我难以忘怀。

(四)多才多艺的许塞尔总理

1. 许塞尔其人

奥地利总理府在市中心,距离总统府不远,仅有百米之遥,但并没有总统府那样集中。总理在主楼办公,各司局和部委则分散在其周围的建筑物里。

沃尔夫冈·许塞尔总理是在我们所认识的奥地利几位总理中(包括弗朗尼茨基、克里马、古森鲍尔等)留下印象最为深刻的一位。他1945年6月7日出生于维也纳,维也纳大学法律系毕业。1979年至1989年任国民议会议员,1987至1989年任国民议会人民党议会党团副主席,1995年任奥地利人民党主席。1989年起先后担任联邦经济部长、联邦副总理兼外交部部长,2000年2月出任奥地利联邦总理,2007年1月因大选失败而卸任。他爱好登山、玩扑克牌。妻子是一位精神科医生,他们有两个孩子。

2. 仕途"福地"

许塞尔总理常常开玩笑说,中国是他的仕途"福地"。1995年4月,许塞尔作为经济部长来华参加了中奥经贸合作混委会第13次会议和维也纳—北京直航首航仪式。1998年3月作为副总理兼外长应邀访华,还访问了西藏。2005年4月作为联邦总理访华,在北京会见我国领导人,出席博鳌论坛,并访问南京。

我们庆幸在任期内中奥两国关系发展相当顺利,这要感谢许塞尔总理长期以来给予我们的大力支持,同时这也为我们与他建立和保持友好关系创造了条件。我们之所以能够成为朋友,首先是因为他十分喜爱中国,对华态度非常友好。我们经常调侃,对于许塞尔总理来说,中国是一块福地。每次访华对他都有很重要的意义——1995年作为经济部长首次访华,回国后即升任副总理兼外长;1998年第二次访华,到2000年便当上了联邦总理。2005年4月19日至25日作为总理访华,抵达北京的那一天恰恰是罗马教皇本笃十六世当选的日子,许塞尔总理衷心希望那次中国之行还能给他带来好运,使他在未来大选中连任总理。可惜他的愿望却落空了。这是后话。

其次,他对中国始终非常重视。在我的印象中,他一直亲自掌控着对华关系。他在接受中国记者采访时指出:"每次谈到中国,我都

温家宝总理在人民大会堂设宴欢迎许塞尔总理访华

与许塞尔总理夫妇合影

会肃然起敬。中国是一个非常伟大的国家，它本身的面积就相当于一个洲。因此，中国面临和需要解决的问题是像奥地利这样比较小的欧洲国家所难以想象的。"我清楚地记得，将近 10 年之前，我对他进行到任拜会时，他就对我国基本情况十分感兴趣，问得很详细，例如中国本国石油产量多少，每年需要进口多少，等等。

第三，他对发展双边关系非常积极。在他的任期内，中奥关系在政治、经济、文化、教育等各个领域都得到了长足发展，两国贸易额连翻了好几倍。

3. 最后一次正式访华

我们下面介绍的几件亲自经历的趣事验证了上述的一些印象。这几件事情，都发生在许塞尔总理 2005 年 4 月 19 日至 25 日访华期间。按照我们国家有关规定，驻在国政府首脑访华，我驻在国大使应回国陪同。于是，我们夫妇就有幸亲历了以下几件事情。

许塞尔总理在北京会见吴邦国委员长时，双方谈到了各自治国理政的经验。许塞尔总理提问道，奥地利是一个小国，8万平方公里土地，800万人口，治理起来尚且相当吃力，问题不少。而中国是一个拥有13亿人口的大国，你们管理得却井井有条，改革开放以来取得巨大成就。这其中的奥秘究竟是什么？吴委员长不无幽默地解释说，目前中国领导人大都是学工的，许多人是工程师，我们想领导中国人民实实在在地干点事情，改变国家贫穷落后的面貌。许塞尔总理听后先沉思了片刻，接着频频点头道，吴委员长讲得有道理。拉丁文当中，"Ingenieur"（工程师）这个词有创造的意思。你们在领导中国人民进行创造性的工作。而西方政治家多是学习法律的，他们首先想到的是如何制定法律，来限制创造。"许塞尔总理的一通妙论，引起了所有在场人的一阵会意的笑声。

紧接着是访问上海。记得当时韩正市长正患腰疾，但他还是坚持着会见了许塞尔总理。上海多姿多彩的高楼大厦鳞次栉比，此起彼伏，给许塞尔留下了深刻印象。他在见到韩市长时便问道，上海这些高楼

与许塞尔合影

大厦是怎么设计出来的呀？韩市长跟他调侃说，我们这些高楼大厦的设计，也是受到了维也纳音乐的影响，它们全都是凝固的音符。韩市长的话引得许塞尔总理开怀大笑。

4."诗人"总理

在参加完博鳌论坛之后，许塞尔总理一行离开海南，前往南京访问。在南京期间，许塞尔总理会见了江苏省负责同志，参观了中山陵，出席了奥地利一家纤维厂在南京郊区设厂奠基仪式。奠基仪式搞得很隆重，红旗招展，锣鼓喧天。许塞尔悄悄地对我开玩笑说，要是在奥地利有这么多群众欢迎我就好了。

对中山陵的参观给奥地利代表团留下了美好而深刻的印象。在梁保华省长当晚举行的欢迎宴会上，许塞尔总理向我展示了他拜谒中山陵有感而创作的一首短诗，是用德文写的。我读后觉得很有意思，便很快就把这首诗译成了中文，抄在了另一张纸上交给他。开始时写得比较潦草，许塞尔请求说，能否再抄写得整齐一些。这首诗的中文译文是："拜谒中山陵有感——相互搀扶，充满博爱，共同迈上拜谒总理的台阶（译者注：'总理'二字是用汉语拼音）。"我把抄好的译

许塞尔瞻仰南京中山陵赋诗（中外文皆出自许之手）

许塞尔访问南京

文先给梁省长看，然后又交给许塞尔总理。过了一会儿，许塞尔递给我一张纸片，上面是诗的中文译文，与我写的毫无二致，我以为他是将我抄的译文退还给了我，因此我也没在意，准备将纸片装起来。这时，许塞尔把声音提高了一下，示意我再仔细地看一看。我把纸片再仔细端详了一番，结果发现这张纸片与我写的那张虽然相差无几，但却仍然有些微不同。于是我便问许塞尔总理，这是谁写的？他笑了笑，用手指着自己。我们所有在场的人不禁愕然，接着又爆发出一阵热烈的掌声。原来，许塞尔总理并不会中文，但他擅长绘画。每当他参加什么会议，而发言者的讲话索然无味时，他便会掏出笔来，随便画上几笔。这已经是公开的秘密了。他交给我的那张中文译文就是凭着他的天赋，不是写出来的，而是画出来的。江苏省外事办的同志当即就把许塞尔总理的诗作和中文译文"画作"收留了起来。

5. 特邀民间艺人

下面这件事也是发生在许塞尔总理此次访华期间。凡是接近他的人都知道，他本人非常喜欢艺术，喜欢剪纸，也喜欢收藏剪纸。由于在北京的日程安排十分紧张，政治会谈一场接着一场，他根本没有什么时间参观游览,更甭说是购物了。尽管如此,他还是抽出时间,匆匆去逛了一次琉璃厂。由于时间太短,他只购买了几件剪纸艺术品,根本就没有尽兴。上海外事办同志知道这一情况之后,专门为代表团安排参观豫园附近的一个艺术市场。许塞尔在市场走得很慢,看得很认真,但他主要注意剪纸。突然,他在一个摊位前面停了下来。他一边与年轻的老板攀谈,一边翻看着台面上的作品。他让老板给他找一把剪刀和一张纸,当场教他如何剪。不一会儿工夫,作品完成。他慢慢展开,一个大红喜字出现在了人们的面前。许塞尔很高兴,他当即对年轻老板说,我邀请你访问奥地利,你可以在我国的议会大厦举行个人作品展览,届时我一定去出席开幕式。接着,他又侧转头对着我说:"卢大使,你可要帮忙。机票由奥地利航空公司赞助。"我应承了下来,并且在今后的一段时间里,一直在积极促成这件事。

直到2006年8月30日,在上海外事办的协助下,年轻的剪纸艺术家邓剑辉先生终于成行,并在维也纳市中心的议会大厦成功举办了个人作品展。据说,这是中国艺术家首次在奥地利议会大厦举办展览。开幕式上,许塞尔总理如约率领许多部长和高官出席,并亲自主持讲

许塞尔邀请上海青年剪纸艺人在奥地利议会大厦举办个展

话。仪式结束时，邓先生还专门为许塞尔总理剪了侧影。第一次开剪时，由于过分紧张，一不小心将许塞尔带的眼镜给剪掉了，只好重来一次。陪同在旁边的我，忙把没戴眼镜的许塞尔剪影收藏了起来，作为永久的纪念。后来，我因为公务在他的办公室约见他时，他还拿出他闲暇时的剪纸作品给我看。我们衷心祝愿许塞尔先生夫妇健康长寿，并继续为中奥两国关系的不断发展做出积极的贡献。

（五）优秀"推销员"莱特尔主席

1. 商会领头人

奥地利联邦商会是一个准政府性质的机构，着重负责对外贸易和经济合作，在政治生活和对外关系中代表奥地利企业界利益。按照规定，奥地利所有企业必须加入商会。目前，它拥有38万家成员企业，在70多个国家和地区设立了74个商务机构、41个分支机构和代表处。前任商会主席为克里斯托夫·莱特尔，1949年生于奥地利中部工业城市林茨，高高的个头，脊背微驼，戴着一副眼镜，始终面带笑容。他对中国非常友好，曾多次访问中国，对中国印象非常深刻。在任期间，我们来往很多，他对我们的工作给予了很大支持，对推动两国的经贸关系做出了巨大贡献。他说，如今在国际舞台，中国正发挥着十分重大的作用，不仅在经济领域，在政治上包括在文化领域都占有举足轻重的地位。

2."非典"访华见真情

特别令人感动的是，2003年中国爆发大规模非典疫情，世界很多国家的人们"谈典色变"，几乎无人敢于涉足中国一步。可是，他却怀着对中国人民的深厚感情和无限信任，于当年4月率领奥地利经济代表团一行30人来到上海。

"我感觉上海是一个安全的城市。"提到非典型性肺炎，来沪访问的欧洲商会主席、奥地利联邦商会主席莱特尔微笑着告诉记者，"我

莱特尔与大使夫妇交谈

们都对上海乃至中国的卫生安全持乐观态度。"他说,出发前曾私下请教了不少医学专家,专家对他的回答是:去上海和待在奥地利患非典型性肺炎的概率是一样的。"也就是说,这个概率是非常非常小的,上海是一个安全的城市。"奥地利代表团在沪活动安排得相当紧凑。7日,他们前往复旦大学,签署了一个医疗管理人员的培训项目。8日,莱特尔博士还与上海市市长韩正、上海市发展计划委员会的有关负责人会面。此外,代表团还参观了位于市中心、国内外宾客密集的上海城市规划馆。他说:"上海的政府机构、我们的许多合作伙伴都支持这次上海之行,我没有理由不来这里。"

莱特尔博士是第三次来到中国。他说:"来到这里,所有的奥地利人都告诉我,他们在上海工作得很好,生活得也很开心。"他还表示,希望奥地利在不久的将来能够成为中国公民自由旅行的目的地。

莱特尔认为,中国与欧盟经济关系的密切程度和贸易规模已经超过与美国、日本和印度的经济密切程度和贸易规模。也就是说,欧洲与中国已经成为伙伴,现在需要加强并进一步深化这种伙伴关系。

3. 远见卓识

中奥关系的发展，经济关系先于政治关系。1961年，奥地利首先在香港设立经贸代表处，1966年双方签订"经贸合作协议"，奥方在北京设立机构。直至1971年，中奥才建立了外交关系。当年，两国贸易额仅为2900万欧元，而现在中国已成为奥地利在亚洲的最大贸易伙伴。迄今，奥地利已在中国设立4个经贸处和3个地区办公室，覆盖绝大多数省份。中国是奥地利在国外设立代表机构最多的国家。目前，奥方已有370多家企业在中国建立了630多个生产基地和销售代表处。

莱特尔说，目前奥地利与中国开展合作的领域已经十分宽广。尤其在电子工业、食品工业、机械制造和钢铁工业等领域，两国间的合作与贸易往来十分活跃。有许多奥地利企业去中国投资，近年也有越来越多的中国企业来奥地利投资发展。然而，双方间的经贸合作还有进一步加强的空间和拓展余地。

与联邦商会主席莱特尔合影

与维也纳市长豪伊普尔合影

谈到这一点,莱特尔说,奥地利虽然是一个面积和人口小国,但在许多领域有着独特的优势,比如奥地利的企业在公路、铁路、机场、港口等基础设施建设方面表现出色;在环保技术、可再生能源开发利用等领域,奥地利也有很多独到的创意和成熟的技术。

莱特尔还特别提到旅游业在奥中两国经贸关系以及促进两国人民相互了解方面的作用。他认为:"旅游有助于加深人们之间的交往与了解。很多人同我一样去过中国,所以体会到中国的美丽与伟大。"莱特尔也希望能有更多的中国游客到奥地利来了解这个国家。如今,奥中两国间的旅游往来日益活跃。随着收入的提高,正有越来越多的中国人去奥地利旅游,并成为奥地利市场上一支深受商家重视的消费力量。

此外,奥中两国在科技尤其是医疗技术和医学领域开展合作也拥有十分广阔的前景和空间。他认为:"在这一领域,奥中两国都拥有十分悠久的传统和优势,如果我们强强联合,那么双方都会从中受益。"

万季飞会长访奥受到热情接待

4. "荣誉会员"

2007年2月15日,受中国贸易促进会万季飞会长的委托,我在中国大使馆授予莱特尔先生中国贸促会"荣誉会员"称号。万会长在贺信中指出,两会积极开展合作,在互相尊重和信赖的基础上,历经岁月和国际风云变幻的考验,获得了广泛赞誉。莱特尔是积极促进中奥经济合作的杰出代表。莱特尔在答词中首先表示感谢,指出在相互信任和尊重的基础上,奥中两国经济和文化等各领域都展开了积极合作。他坚信,通过2008年北京奥运会,中国将给欧洲乃至全世界带来更多的合作发展机遇。后来,莱特尔主席也向万季飞会长授了勋。

三、中国领导花絮

在奥地利任职期间,由于一是双边关系友好,二是奥地利风景优美,三是相对任职时间比较长,我们使馆接待了国内各级各界若干代表团,其中包括许多党和国家领导人率领的代表团。总的来说,他们的访问都取得了圆满成功,接待没有出现什么纰漏。我们从中也学到了不少东西。但由于时间久远,本人又没有专门去查阅档案,因此只能凭借记忆,将自己所经历的一些印象深刻的花絮记录如下。

(一)江泽民主席的音乐情结

中奥建交30周年之际,奥地利总统克莱斯蒂尔于2001年5月15日至19日访华,访问了北京和上海。在北京期间,与江泽民主席进行了会谈。按照规定,我们夫妇回国陪同访问。16日下午,在庄严的人民大会堂,陪见人员在会见之前全部到齐,其中包括钱其琛副总理等。江主席缓步进入会见大厅,落座之后,礼宾官向他介绍我是中国

江泽民主席会见欧洲议会议长

驻奥地利大使，意即将由我来向他汇报此次奥总统访华的背景、双边关系情况，等等。还没等我开口，江主席就幽默地指着我高声说道："你在奥地利当大使是份美差呀，每天都可以听华尔兹，看蓝色的多瑙河！"此话反映了江主席对中奥双边关系的重视，对西方音乐的喜爱，也反映了对我工作的肯定。他的话音刚落，就引起了在场所有人员的欢笑和掌声。

在当晚的欢迎宴会上，江主席显得心情格外高兴，愉快地与我国歌手纵情高唱《当我们年轻的时候》。当总统特别带来的维也纳爱乐乐团音乐家奏响《蓝色多瑙河》的时候，江主席又起身邀请总统夫人跳舞。随着优美欢快的旋律，只见他时而右转，时而左旋，舞步轻盈，令人眼花缭乱。奥总统也邀请中方人员起舞。奥地利媒体事后对此作了详细报道，称赞江主席的舞姿，说即使是奥地利人，能够跳左转华尔兹的也不多见。

我早就知道江主席喜爱西方古典音乐，但可惜1999年他访问奥地利时却因为日程安排原因而没能在维也纳金色大厅听上一场完整的音乐会。2007年7月，全国政协副主席徐匡迪访奥。为了表达对江主席的敬意，弥补一下他访奥留下的那点遗憾，我专门委托徐匡迪主席将奥地利为纪念莫扎特诞辰250周年出版的一套莫扎特音乐全集CD盘带给江主席。江主席收到唱盘后，还专门直接打电话给我，表示感谢，并回赠我一本有他题词的《江泽民出访纪实》。

（二）朱镕基总理为上海"世博"拉票

2002年9月19日至22日，朱镕基总理夫妇访奥。由于此访是朱总理卸任之前最后一次访问奥地利，奥方非常重视，给予高规格热情友好的接待，访问取得圆满成功。特别是朱总理这次代表中国政府，正式宣布中方同意满足奥方愿望，愿意向维也纳美泉宫动物园提供一对大熊猫，供共同科学研究之用。奥方非常感激，许塞尔总理在当晚举行的欢迎宴会上致辞，脱稿表示奥地利支持上海申办2010年世界博览会。

朱镕基总理夫妇做客萨尔茨堡农庄

访问期间，朱总理非常注意学习外国的先进经验。例如，他在访问萨尔茨堡时，参观了当地一家生态农场，非常赞赏，给予高度评价，希望将它介绍到国内来；看到外国许多地方种树多，草地少，认为这种做法有利于节水，值得借鉴；看到音乐会上，外国艺术家不用麦克风，全凭真功夫，他很欣赏，认为值得学习。他在接见使馆人员和华侨华人代表讲话时，高度评价奥地利的环保水平，空气新鲜，水质洁净，还开玩笑说，你们在这里生活，要缴纳环保税呢！

（三）贾庆林主席出国不忘调研

2004年8月30日至9月2日，全国政协主席贾庆林访问奥地利。他所乘专机首先飞西部的萨尔茨堡。因为当地强烈雷阵雨，专机在上空盘旋近半个小时才平安降落。贾主席非常和蔼，平易近人。交谈中，他说他虽然祖籍是河北，但却出生在青岛。他在访问中，非常注意西藏问题，利用一切机会宣传我国的西藏政策，研究对方反应。并且再

贾庆林主席参观圣沃尔夫冈镇

三强调希望使馆注重西藏问题的研究，特别是对达赖喇嘛的研究。他指出，西方国家政府一般并不否认西藏是中国领土的一部分，但在对待达赖的态度问题上，却与我们有很大分歧。我们说达赖是披着宗教外衣的分裂主义者，西方却称他为宗教领袖，是诺贝尔和平奖的获得者。我们要研究如何做工作更有针对性地揭露达赖的真面目，才能取得更好的宣传效果。

贾主席的平易近人还表现在他对我们驻外使节的关怀和尊重上。在他出访之前，正巧赶上我们回国休假，他便利用这个机会召见我们，请我们介绍中奥双边关系，向我们了解西方对一些敏感问题的看法，等等。后来，这似乎形成了一个习惯，每每我们回国，他总要抽时间接见我们，了解国外的一些动向。他关心我们的学习，送给我们一套《邓小平理论词典》；他关心我们的健康，题词勉励我们"长寿别无绝，放下是神仙"。

（四）善于学习的李长春书记

2002年6月28日至30日，李长春同志作为中共中央政治局委员、广东省委书记，从俄罗斯的圣彼得堡过境维也纳，随行的有当时深圳市委书记黄丽满和广州市的领导同志。虽说是过境，实际上却是一次对奥地利的考察访问。当长春书记来到萨尔茨堡附近的盐湖区，看到这里蓝天白云，波光粼粼，青山红瓦，人与自然和谐一体，不禁感叹：这才是我们所要追求的，我们今后再也不要骄傲了，要向人家好好学习。

在维也纳参观了多瑙公园的电视塔后，我们打算在附近的一家中餐馆"四川饭店"就餐。长春同志一行坚持步行过去，我便如实告诉他们，我长期患有腰病，难以行走长路。我就先行乘车到达饭店等候他们。在用餐过程中，长春同志诙谐地对人的起源发表了一套理论，说人类是从爬行动物进化而来的，动物在爬行时，只有四肢用力，而腰部并不吃劲。等到人类站立行走，全部重量都集中在腰部，因此腰部就容易受到损伤。他还说，他的夫人腰也不好，做过手术。他邀请我们休假回国时，可以到广东去进行检查治疗。他说到做到，回国后还多次催促广东外事办同志给我们打电话，叫我们到广东看病。这年

李长春同志在维也纳"当年酒家"

9月，我们盛情难却，利用回国休假的机会去过一次广东。广东外事办同志做了周密安排，除了参观广州、深圳，还在中山医院进行了体检。可惜，由于时间紧迫，我们急于返馆参加接待朱镕基总理访奥，所以没有来得及在那里进行手术。尽管如此，我们对于长春书记的热情关怀将永志不忘。

（五）曾庆红副主席的"熊猫外交"

2002年7月4日至7日，曾庆红同志作为中共中央政治局候补委员、书记处书记、中组部部长率团访奥。赵洪祝和乔宗淮副部长等陪同。庆红同志热情豪爽，平易近人。他非常注意调查研究。在从维也纳开往萨尔茨堡的大巴上，除了代表团成员外，还有使馆参加接待的同志。大家利用这一难得机会，围着庆红同志就国内国际问题、使馆改革问题，等等，你一言我一语，七嘴八舌，纷纷向他进言。只见他始终面

克莱斯蒂尔总统与曾庆红同志亲切交谈

带微笑,倾听着大家的议论,不时还发表一些意见,进行一些解释。这趟旅行仿佛变成了一次调研会。

访问期间,包括奥地利总理在内的内阁成员,不断向他提出要求,希望中方能在维也纳美泉宫动物园250周年之际赠送一对大熊猫。但中方一再重申,熊猫属于濒危动物,数量有限,早已不再赠送国外,除非双方进行科研合作。奥方人士甚至展开"感情攻势",向他讲起二战期间,许多奥地利犹太人逃亡中国上海,其中有些人,例如罗生特大夫,参加了新四军,与中国人民并肩打击日本侵略者。庆红同志的父亲是老革命曾山,与罗生特大夫相识。他听到这个故事后,很是感动,认为奥地利人既然能够抛头颅洒热血,与中国人民共同抗日,难道我们就不能向他们提供一对大熊猫?后来,他又了解到濒危动物问题由农业部下属的野生动物保护协会管理。该协会最后答应,除非有重大外交需要才可以考虑这个问题。恰巧朱镕基总理访奥在即。功夫不负有心人,在庆红同志的斡旋下,我国政府终于同意满足奥方的愿望。中方提供熊猫,双方进行科研合作。

(六)热心对外宣传的热地副委员长

2002年4月初,西藏人大常委会主任热地同志访问欧盟,积极宣传我国西藏政策,取得圆满成功。他满怀喜悦心情过境奥地利,在我馆受到热烈欢迎。在我为代表团举行的晚宴上,他甚至高兴地跳起了西藏传统的"锅庄舞"。交谈中间,他关切地问道,你们常驻欧洲国家的大使,去过西藏吗?我有些尴尬地回答,我们很想去看看,可惜迄今还没有机会。他听后十分激动地说,欧洲涉藏问题非常突出,而你们从事这项工作的同志竟然自己还没有到过西藏,这说不过去。我回国就去找外交部领导,请他们考虑给你们安排。

热地同志果然言而有信。这年7月,应西藏自治区邀请,外交部组织十几位常驻欧洲国家使节夫妇参观考察西藏。我们此次赴藏日程是热地同志亲自制定的。为了使我们这些初次去西藏的同志不致产生高原反应而逐渐适应那里的环境,热地同志考虑非常细致,安排我们

热地副委员长和迟浩田国防部长

先从低海拔地区开始。当飞机降落在贡嘎机场时,热地同志亲往机场迎接陪同,然后按照山南—拉萨—林芝—拉萨的线路,既参观了地热电厂、改造的居民小区、包括布达拉宫在内的各式寺庙,感受到了西藏的高速发展、人民生活水平的明显提高、宗教信仰的自由繁荣,还领略了广袤美丽的独特风景、藏民的美食,给我们大家上了一堂关于西藏历史、现状、政策的生动一课,令人受益匪浅,终生难忘。

(七)幽默诙谐的迟浩田副主席

中央军委原副主席迟浩田同志曾经两度过境维也纳。他给人的印象是个子不高,结实干练,热情豁达,操着一口地道的山东胶东腔,讲话幽默。他初次过境奥地利接见使馆工作人员的讲话虽然过去多年,至今仍然记忆犹新,令人忍俊不禁。他说,很多年前,那时我还年轻,组织上也曾考虑派我出国,当个外交官。可是后来,组织改变了主意,为什么呢?一是我的样子长得比较一般,不那么高大英俊,担心影响

与迟浩田副主席夫妇合影

咱们国家的形象;二是我一口胶东腔,学起外国话来比较困难,要说起带胶东方言的外国话,外国人也听不懂。这样,我就失去了当外交官的机会了。因此,我对外交官是非常羡慕,非常尊敬的。他的讲话引起大家的开心大笑和热烈掌声。当时,我心里就想,迟副主席这番话是在开玩笑呢,想当初,如果组织真是选中了他,那么我们军队就可能失去一位能征善战、叱咤风云的将军了。

近几年,我在世界中国烹饪联合会的活动上再次见到了迟副主席,他依然那么硬朗,那么幽默,我感到很高兴,我们祝他老人家健康长寿。

(八)李肇星外长操劳外交

肇星同志和我是山东胶南老乡,是我二哥的胶南一中校友。他为人忠厚热情,平易近人,没有架子,机智幽默,属于才子型的干部。

我1965年出国留学,他也在北京求学;他的英文很棒,有人说他讲英文比汉语还容易懂,主要在新闻司工作,后来主管美洲方向;我在苏联东欧司和欧洲司,常开玩笑说,搞了一辈子德文,把社会主义的东德搞没有了;1995年,我在驻奥地利使馆担任政务参赞,他担任副外长;我2000年被任命为驻奥地利大使,他2003年才担任外交部部长。虽然我们工作上几无交集,但他予我而言亦师亦友,政治上对我非常关心。

在我担任驻奥大使期间,他多次路过维也纳,或者正式赴维也纳,与欧盟"三驾马车"外长磋商。记得美国"9·11"事件过后,他路过维也纳,住在使馆招待所,我们去看他。茶余饭后,他回忆起我国处理这个事件的过程,仍然惊心动魄。他说,那天傍晚,正赶上没有重要安排,他就接受了文化部的邀请,去出席观看一场文艺演出。中场休息的时候,他忽然心头发毛,总觉得会有什么事情,于是神使鬼差,他就打算急于返回外交部办公室。可是,事不凑巧,演出时他与司机

李肇星外长参观维也纳英雄广场

不坐在一起，他一时找不到他的司机了。正在他在场外着急上火之际，一名出租汽车师傅认出了他，上前搭话问他去哪里。就这样，他风风火火赶回办公室，随手打开了电视机。只见电视机里，一架客机撞击美国国贸大楼的画面如同恐怖片子一样，正在滚动播放。说时迟那时快，他马上开始联络有关人员准备研究对策。也就是几乎同时在这一刻，桌子上的红机电话响起来了。江泽民主席办公室通知他立即带领有关人员赶赴中南海参加中央研究对策的重要会议。

2006年2月，李外长访问瑞士后，计划于2日晚上赶往维也纳，3日在维也纳与欧盟"三驾马车"外长会晤。可是，时值晚冬，中欧地区大雾弥漫，瑞士如此，连备用机场斯洛伐克也是如此，李外长座驾难以着陆，不得不临时决定推迟来奥。第二天一早飞机着陆，为了节约时间，李外长决定直接从机场奔赴会见地点。我记得访问日程安排得非常紧张，上午与欧盟"三驾马车"外长会谈，中午欧方宴请，下午会见奥地利总统、总理，晚上与奥地利外交部部长会谈、宴请。4日上午稍事休息，中午到使馆看望馆员，做报告，下午即飞下一站挪威首都奥斯陆。

当我去机场送行，走近他乘坐的"专机"时，不禁令我为我们外交部部长及其陪同人员的安全捏着一把汗。由于工作需要，国家领导人的专机我也乘坐过，一般是普通客机改装的。但李外长的专机，只是一架小型包机，仅有6—7个座位，长时间端坐不舒服，要想躺着没地方，在空中简直就像一叶扁舟，像一片树叶，安全系数可想而知。飞机起飞后，我们便像往常一样返回使馆。谁知，还没等我们喘息过来，奥地利外交部礼宾司就通知我们，李外长的包机因为技术故障，现已返回维也纳机场。接到通知，我们使馆一干人马又急匆匆赶往机场。等到李外长再次见到我时，感到有些莫名其妙，他从迷梦中惊醒，迷迷瞪瞪地问道："怎么又是你？"经了解，问题出在机翼上，由于机翼的故障，飞机难以升高飞行，很容易发生危险。李外长不得不更换座驾，结果行程耽搁了一天。

任职期间，我们还结识了很多中央和地方上的领导同志，他们每个人都有这样那样的故事,给我们留下了深刻印象。这里就不再一一叙述了。

四、民间友好往来

(一) 新四军洋大夫罗生特

有统计数字显示,第二次世界大战期间,即 1939 年至 1945 年,总共有 60 多个国家和地区参战,涉及 20 多亿人口,动员军队 1 亿多,死亡人数达 5000 多万,直接战争费用高达 13520 亿美元,造成财产损失达 4 万亿美元。我们中国也为战胜法西斯做出了巨大的民族牺牲。经查证,在奥地利的毛特豪森集中营还关押过 5 名中国同胞。我们了解情况后,专门请示国内,在集中营的哭墙上设置了一块纪念牌。在纳粹政权统治下的德国和奥地利,无数无辜的百姓也因为他们的宗教信仰、政治立场和人种差异而受到残酷迫害,被关进形形色色的集中营,犹太居民尤甚。在那种艰难困苦而极其危险的境地,犹太人千方百计试图弄到一纸签证或是一张船票,以便逃离德国,脱离苦海。但是,这一企求又谈何容易,因为许多国家都不愿或者不敢得罪纳粹德国。当时,中国驻维也纳总领事名叫何凤山。据说他顶着上峰的压力,违背禁令,竟然向 5000 名奥地利籍犹太人发放了"救命签证",或者尽力

来自奥地利的罗生特大夫

帮助他们,使他们能够被安全转移到上海,保全了性命。何凤山先生本人后来流亡美国,贫病交加,客死他乡。二战结束后,以色列大力表彰何先生的人道主义精神,将他封为"圣人"。何先生的女儿何曼丽打算撰写一部父亲的传记,曾经专程从美国来到维也纳寻访父亲的踪迹,并且还拜访过我们。维也纳市政府计划在原中国驻维也纳总领馆旧址为何凤山先生立一块纪念牌。这是后话。

在被何凤山先生营救的犹太人当中有一个名叫雅各布·罗森菲尔德的人。他1903年出生于乌克兰的利沃夫(当时尚属于奥匈帝国领土),1923年入维也纳大学医学院,1928年毕业,获医学博士学位。他早年加入奥地利社会民主党。在德国法西斯实行民族清洗政策时,罗森菲尔德被关进了纳粹集中营。在遭受折磨1年后,他侥幸地获释,但立即被驱逐出国,并且被勒令永远不准回国。在国破家亡之际,他只好带着小弟约瑟夫,偕同一个难友,悲伤地离开祖国,从养育他长大的故乡来到中国上海。他在上海租界开设了诊所,因医术高超而小有名气。在上海期间,他因受影响而决定参加共产党领导的新四军。1941年3月,他离开上海来到了当时新四军驻地盐城,成为第一个加

罗生特与刘少奇、陈毅

入新四军的国际友人。第2年经陈毅等人介绍加入中国共产党。为了防范敌人，掩人耳目，罗森菲尔德改名为罗生特。

　　罗生特在新四军中被誉为"大鼻子神医"，经他救治过的共产党高级将领包括罗荣桓、万毅等人，陈毅之子陈昊苏也是罗生特接生出世的。1943年3月，罗荣桓同志在山东敌后因操劳过度经常便血。新四军代军长陈毅得知后，建议罗荣桓到新四军治疗。当时泌尿科专家罗生特医术高明。经过八路军总部和中央军委批准，罗荣桓5月抵达新四军总部。经过罗生特的全面检查，发现罗的两肾都有病变。因为没有医用X光机，不能确诊，只能进行保守治疗。罗荣桓对夫人林月琴说，我要制订一个五年计划，争取再活5年，打败日寇，我也就死而瞑目了。抗日战争结束后，罗生特被派往东北工作，担任东北野战军一纵卫生部长，在哈尔滨工作了3年。1949年，中华人民共和国成立前夕，罗生特决定返回阔别10年的祖国。临行前，陈毅亲自为他设宴饯行，尊称他为"活着的白求恩"。罗生特回到奥地利后与妹妹重逢，并得知母亲已惨死于纳粹集中营。1951年8月，罗生特前往以色列看望那里的弟弟，次年4月因心肌梗死在以色列去世。他著有《奥地利——中国》一书。今天，在罗生特曾经工作过的山东省莒南县原八路军山东军区旧址和哈尔滨犹太新会堂前树立有他的塑像，莒南县和奥地利维也纳各有一所以他名字命名的医院。我们参加了维也纳三区罗生特医院的命名仪式。

　　几乎和罗生特前后来中国的奥地利犹太人当中，还有几位也参加了我们的队伍，他们是弗雷茨·延森（据说在万隆会议前夕因飞机失事牺牲），傅莱（曾任我国卫生部顾问，政协委员），等等。他们将永远活在中国人民的心里。我们和傅莱先生及其子女都有过接触，并同他们建立了密切关系。凡是傅莱先生到维也纳访问或探亲，总要到我们使馆坐坐，还要理个发。

（二）包玉刚女婿

　　苏海文博士德文名字叫赫尔穆特·苏门，身材高大，头发雪白，温文尔雅，一副绅士派头，是国际知名企业家。他1941年生于奥地利的林茨市，毕业于维也纳大学法律系，后于芝加哥大学深造比较法学、国际法和公司法，获博士学位，成为执业律师，曾受聘加拿大皇家银行法律顾问。他是香港已故船王包玉刚的大女婿，1960年代与包玉刚的长女包陪庆女士结婚，后于1970年到达香港，出任环球航运及亚洲航业有限公司第一副主席，并自1984年起任汇丰董事局成员，直至2007年5月。1986年当岳父包玉刚宣布退休后，他主管包氏航运业务，并于1991年包玉刚逝世后继承环球航运（日本以外）业务。2003年3月，苏海文家族把挪威最大的航运公司及最大的天然气运营商进行收购及私有化，2004年再把原环球航运业务整合在一起，组成控股集团公司，自己担任集团公司主席。2008年10月9日，中国人民对外友好协会在北京授予他"人民友好使者"称号，表彰他多年来一直致力于对华友好事业和奥中文化交流。

他于1988年创立了苏海文东亚基金会，以促进奥地利青年企业

与香港船王包玉刚女婿、奥国人苏海文合影

家和学者对中国的了解。1992年，他出资成立苏华基金会，每年邀请多批中国代表团访奥。苏海文还出资并亲自参加了许多奥中双边研讨会，并为中国学生赴国外留学设立奖学金。此外，他经常在国际媒体上发表文章、接受采访，为外国人了解中国提供了一个客观公正的视角。对外友好协会会长陈昊苏在颁奖致辞中高度赞赏苏海文为增进中奥友谊做出的突出贡献。苏海文在颁奖仪式上表示，他为能够获得这一荣誉感到非常荣幸，并将继续为加强奥中友好关系贡献力量。

"人民友好使者"称号设立于1990年，主要是为了表彰那些对促进中外友好关系及人民友谊做出重要贡献的国际知名人士。该奖项迄今已颁发七十余次，获奖者中包括国际奥委会终身名誉主席萨马兰奇、英国著名学者李约瑟、泰国公主诗琳通等。

苏海文先生在奥地利国内也享有崇高的威望，受到政府和普通百姓的普遍爱戴。在我们任职期间，一直得到他的大力支持和关照，他帮助我们排忧解难，为发展中奥交流和合作多方奔走。我们离任之前，

与苏海文及其夫人包陪庆合影

帕拉默议长和苏海文会长为大使夫妇饯行

他还专程赶回维也纳为我们举行告别招待会，邀请奥地利议长普拉默等政要出席，给予我们很高的荣誉。在我们路过香港时，苏夫人包陪庆女士还邀请我们到他们家，招待我们饱餐了一顿鄱阳湖大闸蟹。我们非常珍视同他们的友谊，对他们将永志不忘。

（三）施华洛世奇老板

1895年，来自波希米亚的发明家丹尼尔·施华洛世奇以其远见卓识，携同他最新发明的仿水晶首饰切割打磨机器移居到奥地利西部因斯布鲁克市附近的瓦滕斯小镇。

自此，施华洛世奇开始在时尚世界中迸发火花，更发展成为全球首屈一指的精确切割仿水晶制造商，为时尚服饰、首饰、灯饰、建筑及室内设计提供仿水晶元素。时至今日，企业仍由家族的第五代成员经营，分公司遍布全球超过120个国家，雇员约有26,100人，2011年的营业额为22.2亿欧元。

施华洛世奇企业的两个主要业务分别负责制造和销售仿水晶元素，以及设计制造成品。施华洛世奇仿水晶已成为国际设计作品必备的元素。自1965年起，公司便为高级首饰业提供精确切割的天然及人造宝石。公司还出版过镶嵌有水晶宝石颗粒的纪念邮票，非常别致。

于1995年开幕、位于瓦腾斯小镇的多媒体仿水晶博物馆（施华洛世奇仿水晶世界）印证了施华洛世奇丰富的灵感和创意。施华洛世奇的魅力源自材料的品质和采用的制造方法。

施华洛世奇人造水晶的闪耀光芒之所以闻名于世，完全是由于它们的纯净、独特切割以及刻面的编排和数目。在奥地利西部的瓦腾斯小镇，这里地处偏僻的阿尔卑斯山麓，人口也仅仅几千人，但每天却有成千上万的游客蜂拥而来，为的是看看那个造型怪异的阿尔卑斯山巨人。这个巨人匍匐在一个山头，两只水晶大眼在阳光的照射下闪烁着一种奇异的光彩，从它的嘴巴里奔涌而出的喷泉落到了前面的湖中，发出了巨大的咆哮之声。

这个巨人正是施华洛世奇在1995年百年华诞之际，依山而建的"施华洛世奇水晶世界"。从巨人的嘴巴走进去，游客们的眼前立即豁然开朗。在占地两万平方英尺的游客中心里有七个不同主题的地下展馆。那些由名师之手设计而成的水晶作品固然流光溢彩，但参观者们往往会在重达135磅的世界最大水晶面前惊叹不已，又或者在由12吨彩色

施华洛世奇公司老板朗格斯夫妇做客中国使馆

水晶砌成的水晶幕墙处流连忘返。但当好奇的游客提出要到不远处的水晶工厂参观的时候，就会遭到工作人员礼貌地拒绝。他们会告诉你，施华洛世奇水晶制作过程属于商业机密，不向外来者开放。的确，尽管施华洛世奇慷慨地向人们展示了世界上最璀璨夺目的水晶产品，但这个品牌背后却隐藏了小心翼翼地保存了一百多年的水晶秘密。

施华洛世奇包装盒子上绘有白色的天鹅标志，并附有英文。顺便说一句，由于施华洛世奇人造水晶中含铅量偏高，因此只能做饰品和摆件，不宜做玻璃杯等饮具，而捷克的水晶玻璃则可以做。

我们在奥地利任职期间，结识了公司现任老板朗格斯夫妇。他们已经退居二线，主要业务由他们的几个儿子打理。他们心地善良，待人和气，对华友好。我们来往非常密切，有时我们邀请他们到使馆做客，有时我们去拜访他们。有一次，他们还赞助我们青年歌手大奖赛获奖演员到奥地利进行巡回演出，受到当地百姓的热烈欢迎。几年前，他们还在我国河北省昌黎地区租下一片山地，专门种植奥地利品种的葡萄，开展酿酒业务，其酒店就叫"朗格斯酒庄"。

与纳雅先生在瓦腾斯水晶世界前合影

我们国内江苏省东海县出产天然水晶，大多用来制造佛像和挂件，很少做灯具。当他们得知奥地利的施华洛世奇公司能够生产灯具后，便托朋友找到我们，希望我们为他们牵线搭桥，介绍他们之间进行合作。我们做了我们应该做的工作，希望他们合作成功。

（四）唐山地震孤儿

在1976年唐山大地震中不幸成为孤儿的4200多名孩子中，"党氏三姐妹"最受关注。灾难来临时，她们还是襁褓中的婴儿。他们失去了亲人，并且自己也不知道自己原来姓什么叫什么。于是，按照当年的通常做法，人们就给她们起姓为"党"，意思是党拯救了她们，给她们分别赐名育苗、育新、育红。在唐山大地震30周年之际，天各一方的3个孩子再次聚首。

不知如今名为"育红·施耐德"的唐山地震孤儿党育红是否知道，在这个她难以有所记忆的城市中，很多人在等她。

在那一刻，被当作外宾的党育红和她的母亲苏珊女士及当年石家庄育红学校少先队大队辅导员孙丽丽老师一起走进唐山市锦江酒店的时候，早已迎候在这里的党育苗、党育新姐妹俩立即欢叫着扑过去，3人紧紧搂抱在一起。

从外表看去，如今的党氏三姐妹如同我们身边每一个邻家女孩一样乌黑的长发，一样明朗的笑容。然而只要她们开口说话，人们就能准确地区分出来——育新一口地道的唐山腔，育苗讲的是普通话，而育红则满口德语。

比起两个妹妹，育红的生活似乎多了一份传奇色彩。1979年9月，苏珊与丈夫汉斯一起以奥中友好协会代表团团员的身份来中国访问。他们深深爱上了这个有着悠久历史文化传统的东方国家，他们奢望着，要是能够收养一个中国女孩该有多好。唐山籍的中方陪同人员建议说，可以收养一个唐山地震孤儿。汉斯夫妇怦然心动，他们正式向中国对外友好协会提出了申请，对外友好协会也给河北省委写了一个报告。但在当时，把一个中国孩子送给外国人收养是一件不可思议的事，事情就这样被搁置了下来。

回到维也纳,汉斯夫妇焦急地等待着。翌年3月,苏珊再次来到北京,她去对外友好协会催问这件事,对外友好协会被她的真诚态度感动,遂再次致函中共河北省委。当时的省委书记很快做了批示:同意由苏珊夫妇收养一个唐山孤儿,但要选择没有亲人、社会关系较少的孩子。事情有了转机,有关单位开始了紧锣密鼓的行动。

石家庄育红学校推荐了党育苗和党育新。外事办工作人员详细进行了社会关系的调查,结果她俩都不符合省里的要求。轮到了党育红,外办人员经多方查询,也没有找到她的任何亲属。她被选中了。

1980年8月8日,苏珊女士抱起这个胖乎乎、活泼可爱的小女孩,激动的泪水夺眶而出。她在孩子的脸蛋上吻了又吻,不住地喃喃着:"我的女儿真漂亮,真美……"她真诚地说:"孩子名叫党育红,她会永远叫这个名字,让她永远记着,她是中国人,她的出生地是唐山。长大以后,如果她愿意回中国来,我们将尊重她个人的选择。"他们没有给党育红改名,只是按奥地利人的习惯,在名字后面加上父名,叫育红·施耐德。苏珊说,育红曾就读于维也纳时装大学时装设计专业,

在被领养唐山地震孤儿党育红(中)家做客

课余时间还学习了音乐、舞蹈。她和妈妈的一些颇为中意的衣服就是她设计的。

在见育红母女之前,孙老师还特地买了三条项链和一条珍珠手链送给苏珊。苏珊戴上手链问孙老师,为什么要送礼物?孙老师说:"您太辛苦了,您是伟大的母亲。"苏珊马上拿出了自己刚买的芙蓉石手链,给孙老师戴在手上,并用清楚的中文说道:"友好!"看着两位母亲的真诚交流,三姐妹的眼睛又一次湿润了。

如今,育新和育苗都有了她们的儿子。"只有红红还没有结婚,我们一直很牵挂她。"育苗和育新一直念叨着。没想到,育红掏出了一张照片塞到两个妹妹手中,用不太流畅的中文告诉她们:"这是我的男朋友。"这个消息让育苗、育新兴奋不已。

在任职期间,我们多次拜访过育红家,见过施耐德夫人和育红,有时也给她们送一些小纪念品。她们也经常应使馆邀请参加使馆的招待会和其他活动。得知唐山市政府打算在大地震30周年时举行纪念活动,我们还陪同有关人员专门进行引见。

五、文化交流

(一)我与维也纳新年音乐会

众所周知,维也纳新年音乐会闻名遐迩,每年元旦上午在维也纳音乐之友协会大厦中富丽堂皇的金色大厅举行,主要演奏施特劳斯家族的舞曲,有时也增加一些其他音乐大师的作品。按照传统由维也纳顶级的爱乐乐团担任演奏。音乐会在年前要进行一次彩排。正式新年音乐会向全世界转播,每年全球听众可达十几亿。

众所周知,每年的维也纳新年音乐会一票难求。按照规定,本年的音乐会刚刚结束,就要通过各种渠道征订明年的门票。于是,世界各地的乐迷们便通过邮件、电话、信件等途径，纷纷进行预订。可惜，金色大厅只有2000多个座位。怎么办呢？到了预订门票截止的日子，销售部门就要在所有预订者中间，本着公平透明的原则，利用抽签的形式确定最终的购票者。据了解，音乐会门票最贵的大约达2000欧元，黑市价格可以炒到近万欧元。

据介绍，维也纳新年音乐会诞生于1939年。后来因为战争而中断，1959年才得以恢复。我国中央电视台开始转播，始于1987年。1986年，奥地利驻华大使馆找到中央电视台，建议转播维也纳新年音乐会。央视经过研究，采纳了奥方的建议。于是，便于1987年录制了当年的演出，并于三四月份进行了播出。转播收到了意想不到的良好效果。1989年起，央视首次开始卫星直播，但要向奥方缴费。1994年，央视开始派出自己的摄制组赴维也纳完成转播。

1995年底，央视又派出以著名节目主持人赵忠祥老师为首的摄制组赴维也纳准备1996年新年音乐会的转播报道工作。那年，我刚到中国驻奥地利使馆担任政务参赞，参与了摄制组的接待。记得1996年新年音乐会的指挥是世界著名的法裔美籍指挥家洛塔·马泽尔。马泽尔生于1930年，5岁就开始指挥乐队演出，且具有超常的语言天赋，能够熟练掌握英、法、德、意、西五国语言。在1996年元旦上午的音乐会间隙，他用十几种语言向全世界的听众祝贺新年。当他最后用英语祝贺之前，突然操着有点生硬的中文，一板一眼地喊出了"新年好！"，向13亿中国人民表示美好的新

维也纳金色大厅外景

第三章 奥地利时光

与央视郎昆主任谈工作

赵忠祥老师赴维也纳筹备转播新年音乐会

春祝福，全场观众为之振奋，掌声雷动。在接受采访的时候，他不无感慨地说："现在是该说'新年好！'的时候了。"第二天，《人民日报》在头版发表述评，对于改革开放的中国在国际舞台上赢得的荣誉感到自豪，认为这是中国国力增强的体现。

2008年是中国人民的喜庆之年，世界奥林匹克夏季运动会即将首次在北京举办。为了配合这一重大事件，扩大我国在国际上的影响，央视提前就开始策划，希望通过维也纳新年音乐会这一平台实现这一目标。那一年的维也纳新年音乐会已确定著名法国指挥家乔治·普莱特担任指挥。为了及时做工作，央视文艺部主任、艺术总监郎昆老师亲自出马。我陪同他四处奔波，登门拜访，多方做工作。终于主办方理解了中方愿望，决定在节目单中增加一首《中国人加洛普》，奥地利广播公司同意首次在音乐会电视直播信号中加入中国著名青年钢琴家郎朗的画面，由他代表中国人民向全世界乐迷致以新年问候。结果可想而知，播出效果格外明显，有力配合宣传了中国，宣传了奥运。

（二）中国人走进金色大厅

奥地利被称为"音乐之乡"，维也纳当然也就成为"音乐之都"，维也纳的金色大厅当然也就成为"最高的音乐殿堂"。一年一度的维也纳新年音乐会按照传统都会在这里举行，通过电视转播将该大厅金碧辉煌的装饰和无与伦比的音响效果展现在全世界的观众面前。

举行维也纳新年音乐会的"金色大厅"曾令全世界多少音乐爱好者神往，也见证了中国民乐走向世界的历程。自1998年中国民乐乐团第一次在此演出并引起巨大反响，受到热烈欢迎，中国民乐已经开始在世界广泛传播，成为西方上层社会素质和品位的表现。近年来，中国有多位艺术家到金色大厅举办个人演唱会，如宋祖英、谭晶、廖昌永、王宏伟、王莹、熊曼玲等。郎朗、李云迪、孔祥东等钢琴大师出神入化的娴熟表演令所有在场观众为之倾倒。各地的艺术团体也纷纷到音乐殿堂一展风采，展示东方文化的动人魅力。通过这些成功的演出，奥地利和其他外国朋友也记得了一大批著名的中国指挥家，如陈燮阳、彭家鹏、谭盾、李心草，等等。

我们在任期间，亲自参与了我国民乐团、红星艺术团和我国著名歌唱家宋祖英、谭晶等在金色大厅演出的组织协调工作，并且也见证了全场观众为之欢呼的盛况。中国民乐团1998年的成功演出，已经作为我国乐团首次进入金色大厅而载入史册。由申万胜院长和李双江主任率领的红星艺术团2002年2月的成功演出，已作为我国军队艺术团体首次进入金色大厅而载入史册。中奥两国军队艺术家的同台演出，同样也创造了历史纪录。宋祖英2003年11月的成功演出，已作为我国艺术家首次在金色大厅举行个人音乐会而载入史册。郎朗近年来在美泉宫和金色大厅的成功演出，已作为我国艺术家首次与世界顶级指挥大师梅塔和世界顶级乐团维也纳爱乐乐团的成功合作而载入史册，他的精彩演出在全欧洲转播，同样也创造了另一项历史纪录。为了保证演出效果，我们同演出中介机构多次研究，反复比较，最后确定由曾在中国留学、现在任职维也纳市长办公室主任的郭思乐女士多次担任一些演出的外方主持人，如此等等。我们也因此获得了"音乐

与曾庆淮局长夫妇在金色大厅合影

大使"的光荣称号。我们能为中国文化走向世界做出自己的一点贡献而感到自豪,能有机会结识一大批文艺界朋友而感到荣幸。

(三)影片《芬妮的微笑》

中奥两国历史上首部合拍电影是 1941 年费穆先生导演的《世界儿女》。60 年后两国电影人再度联手合拍《芬妮的微笑》,成为中奥关系史上的又一段佳话。影片讲述了一个奥地利少女与一个中国青年从相识、相爱并远渡重洋到中国生活了 60 年的真实传奇爱情故事。1931 年 7 月,来自中国的留学生入学维也纳警官学校,其中一个学生叫马云龙。他英俊的外表和率直的性格吸引了教官的女儿芬妮,他们一见钟情。马云龙就要学成回国了,他们在施特凡大教堂的广场上相约今生今世终会见面。后来有情人终成眷属,他们结婚生子,携手度过了坎坷曲折的人生。这个故事展示并演绎了中国数十年的社会变迁、历史变迁和文化变迁,深刻表现了人类之爱是化解人类种族之间、东西方文化之间一切障碍的终极力量。编剧王浙滨历时 4 年,数易其稿,

宋祖英在金色大厅举办独唱音乐会

终于在 2001 年中奥建交 30 周年之际推出此剧本。影片创作班子阵容强大，策划是郑全刚和奥地利前驻中国大使夫人乌苏拉·魏德，导演是曾执导过《雍正王朝》等多部优秀电视剧的胡玫女士，女主角芬妮由奥地利当红女星尼娜·普罗尔担纲。她 1999 年因影片《北部边缘》获第 56 届威尼斯电影节最佳新人女演员奖。男主角马云龙由中国演员王志文出演。

《芬妮的微笑》源于一个真实的故事。浙江东阳住着一位名叫瓦格娜的 80 岁奥地利老人。60 多年前，她一个人漂洋过海，从维也纳来到上海寻找她在维也纳结识的恋人杜承荣。从此她跟随丈夫经历了战争、动乱、迁移，最后在中国的一个普通乡村里生活了半个多世纪。后来她成为地地道道的中国农妇，儿孙满堂。她最终的愿望是在那个乡村里与丈夫同穴而眠。她的丈夫几年前已经去世了，她依然住在那间茅舍里，内心像少女一样的清纯。她平静地说过这一生她从不后悔，尽管她一生有那么多的遗憾：她很长时间没有国籍，她称自己是两个"外国人"，在中国是外国人，回到奥地利她还被看成是外国人。她

与"钢琴王子"郎朗合影

18 岁离开维也纳的时候曾向父母亲承诺：3 年，最多 5 年一定回去，可她一去就是 60 年，直到父母离开人世，她也没有回去这是她终生最大的遗憾。

2003 年 3 月，影片《芬妮的微笑》参加莫斯科电影节评选，王志文获得最佳男主角奖。在颁奖典礼上，剧组人员怎么也高兴不起来，因为就在这部影片即将在全国上映之时，影片女主人公原型瓦格娜夫人阔然长逝了。2 月 19 日，在浙江东阳，这位饱写一生传奇的瓦格娜夫人，告别了人世。带着原本要参加影片《芬妮的微笑》首映式的遗憾，告别了人世，遗体安葬在她已去世的丈夫杜承荣先生墓穴旁边。东阳市政府出面召开追悼会，奥地利驻华领事参加追悼会，许多与瓦格娜夫人素昧平生的人从远方赶去，深切悼念这位老人。瓦格娜夫人去了，她用一生书写的传奇经历，她坚定的爱情信仰，留在了这片神秘的东方土地上。86 年的一生，前 18 年，她的生命在古老的音乐之都维也纳，后 68 年，她的生命漂泊在中国。对爱情和对生活的执着支持着她度过战乱的多事之秋，走过"文革"动乱年代，与丈夫相濡以沫。《芬

与胡玫导演及其父亲合影

妮的微笑》在北京举行小型放映会时，奥地利驻华大使流泪了，他说很久未曾在我们的生活中找到这样坚贞不屈的爱情了，平淡、真实、勇敢。

我们在任期间，瓦格娜夫人多次回奥地利探亲。我们参加过接待，与她及家人相识。我们被她那传奇而浪漫的爱情和经历所感动，对她的逝世表示深切的哀悼。我们也有幸结识了该片的摄制组及胡玫导演和男女主演，出席了影片在维也纳的首映式。对于影片取得圆满成功，中奥双方友好合作，我们表示衷心的祝贺。

（四）卧龙熊猫"留学"维也纳

维也纳有个美泉宫，是弗兰茨·约瑟夫皇帝和西西公主的夏宫，已被联合国教科文组织列为世界文化遗产。在它的西侧，有一个世界上最古老的动物园，始建于1757年。这是因为玛丽亚·特蕾西亚女皇一家喜欢在花园西边的亭子里一边用早餐，一边和孩子们一起欣赏从世界各地进贡的奇鸟异兽。1883年，人们又在动物园旁边建造了一

与中奥合拍电影《芬妮的微笑》奥方女演员安娜合影

座欧洲最大的温室,把热带地区的奇花异草尽收其中。自从2003年3月19日起,美泉宫动物园里又增加了2位中国客人"龙徽"和"阳阳"。根据中奥两国协议,来自中国四川卧龙的这一对大熊猫是租借给美泉宫动物园,供两国科研人员进行科学研究的,租期10年。众所周知,在欧洲国家中,在此之前只有德国一家从中国得到过这一珍奇动物。从此以后,由于熊猫属于濒危物种,数量有限,中国政府不再向国外赠送,即使租借条件也很严格。那么,奥地利动物园又是如何从中国得到的熊猫呢?

为了庆祝美泉宫动物园成立250周年,奥地利方面非常希望从中国得到一对大熊猫。动物园园长佩希拉纳向其老朋友许塞尔总理提出了这一愿望。从此,这一愿望成了奥政府的一块"心病"。从总理到部长,凡是他们到北京访问,或者接待中国代表团,总要向中国客人提出这一要求。但他们得到的答复却都是一样的。终于有一次,我国一位中央领导访问奥地利,得知二战期间,有许多奥地利犹太人亡命

许塞尔总理出席迎接中国大熊猫仪式

上海，其中有不少人后来参加了我国新四军，和我们并肩作战，共同抗击日本侵略者，深受感动。在他的斡旋下，中国政府终于同意租借给奥地利一对大熊猫进行共同研究。2002年9月，当朱镕基总理在访问奥地利宣布这一决定时，奥方感激之情难于言表。在欢迎宴会上，许塞尔总理脱离已经准备好的讲稿，坚定地表示："在上海申办2010年世博会问题上，我们站在中国一边。"

2003年3月，尽管中国国内SARS病毒大肆蔓延，美国入侵伊拉克战争即将打响，奥地利政府仍然果断决定租借一架大型客机进行改装，即刻深入四川卧龙，将中国政府答应租借给奥地利的一对大熊猫不失时机地运到维也纳。3月14日，熊猫安全抵达美泉宫动物园。作为中国大使的我亲自前往迎接。为了安顿中国这对大熊猫，动物园做了特殊安排，专门为它们修建了一片宽敞、舒适、豪华、现代化的"安乐窝"。3月19日，动物园举行了隆重而热烈的欢迎仪式，许塞尔总理等约2000人出席。世界著名的维也纳童声合唱团登台，演唱了中国歌曲《茉莉花》以示欢迎。主持人当场宣布，动物园在此之前，在全国为这对大熊猫征集德文爱称。经过评选，在3600多个爱称中，决定采用"西西"和"弗兰茨"。中国大熊猫的到来，以及它们笨拙可爱的憨态，为维也纳美泉宫动物园骤增了新

与"熊猫女孩"合影

的亮点,吸引着成千上万当地和来自东西欧的各国朋友们,同时也为动物园带来了可观的收益。

我们的这对大熊猫,还真是争气。就在我们2007年底即将离任前夕,它们竟在动物园科技人员的精心呵护下,产下了一对双胞胎幼崽,其中一只不幸夭折,幸存的"福龙"幸运地成为欧洲首只在圈养环境下以自然交配方式受孕出生的大熊猫。取名福龙,意为"幸福之龙"。8月23日凌晨,幼崽降临。动物园新园长施拉特女士兴奋至极,立即在第一时间将这一喜讯通知了我们。我们便推掉所有外事活动,马上赶往动物园,通过监视荧屏观看了熊猫产仔的实况录像,并同她共同举行了记者招待会,回答了记者的提问。等我们离开维也纳时,熊猫幼崽仍然处在观察室里。我们衷心祝愿它在异国他乡健康成长,为中奥友谊做出新的贡献。据报道,2009年11月20日,年仅2岁的"海归"福龙根据协议被送还四川"中国保护大熊猫研究中心"雅安碧峰峡基地,又开始了新的生活。

(五)谱写《外交官圆舞曲》

中国民谚云,熟读唐诗300首,不会作诗也会吟。我们夫妇两个在欧洲工作生活数十载,天天可以看到多瑙河,听到华尔兹,耳濡目染,身上的音乐细胞不觉也多了起来。真是熟听乐曲300首,不会作曲也会哼。我们联袂创作《外交官圆舞曲》的过程也可以在一定程度上验证这一民谚。

我们外交人员长年远离祖国和亲人,活跃在瞬息万变的国际舞台,为争取安定和平的国际环境,为捍卫祖国的主权和海外华侨华人的合法权益,默默地奉献,辛勤地耕耘,虽说并无硝烟,却也唇枪舌剑,刀光剑影。我们表面亮丽风光,西装革履,灯红酒绿,但我们中很多人日常工作生活的环境却是常人难以想象的艰难困苦,例如海拔4000多米的玻利维亚,被称为"外交官的坟墓";非洲疾病肆虐;不少国家战火纷飞;欧亚有的国家地下水被贫铀弹或核污染,根本无法饮用,因为饮后浑身刺痒难忍,并且逐渐溃烂,如此等等。我们的外交官就

奥地利民间乐队

是在这样的艰苦环境中坚守岗位，忍受着孤独和寂寞，甚至冒着生命危险，但却义无反顾，无怨无悔，因为我们心中装着祖国和人民。我们为国尽忠，但却无法守候在父母身边尽孝，有不少外交官倒在了岗位上，他们确确实实可以称得上是和平的斗士、祖国的卫士、人民的亲人。所有这一切，都深深印在我们的脑海，对他们的颂歌，早在心中千遍万遍响起，我们多么想将我们可爱外交官的风貌讲述给全国朋友们听呀。

这一天终于来到了。2006年元旦前夕，中国中央电视台《与你相约》栏目策划在维也纳附近的康莱堡举办与奥地利朋友共同庆祝新春佳节的联欢活动，他们希望我国驻奥地利使馆也能参与并演出一个节目。情急之下，一个大胆的设想诞生了。由于以前从来没有一首歌颂我国外交官的歌曲，我们便提出了一个想法："我们完全可以自己创作一首歌颂外交官的歌曲！"目标一经确定，我们夫妇便深深陷于亢奋状态之中。一人撰写歌词，一人埋头谱曲。对外交官的崇敬在激励着我们，同时空气中都飘着音符的维也纳也给了我们深深的感染和灵感，跳跃

舞会

的旋律在耳边响起。我们决定用 3/4 拍节奏，以华尔兹圆舞曲的形式来实现这一心中的梦想。功夫不负有心人。在圣诞节假日里，我们终于完成了《外交官圆舞曲》的初稿。使馆合唱队马上开始了紧张的排练。同志们很快进入角色，精神振奋，引吭高歌，充满激情。这首歌在康莱堡参加中央电视台《与你相约》栏目的摄制演出，收到了意想不到的好效果，受到随行的徐沛东老师等专家的一致好评。为此，我们要感谢音乐，感谢维也纳。

六、方寸之间的秘密

（一）巧夺天工的奥地利邮票

小小邮票，大有文章。方寸之中，变幻莫测，博大精深，耐人寻味。中外邮品，概莫能外。国人大概都知道，奥地利以"音乐之乡"闻名于世，而很少有人知道，它也是一个集邮大国。奥地利邮票，内容广泛，造型优美，屡创新奇，成为邮友们热烈追捧的佳品。

这里仅举几例。2004 年，该国邮政与世界著名水晶和珠宝制造商施华洛世奇公司合作发行了世界上首枚水晶镶嵌邮票小全张。该票限量发行 80 万套。小全张由两枚邮票组成，图案分别是公司的水晶产品和公司的象征小天鹅，而每张邮票上，分别精心镶嵌着 6 颗水晶钻石。在光线照耀之下，小水晶颗粒能够发出五颜六色的颜色，光彩照人，既彰显了邮票主题，弘扬了民族品牌，也为争奇斗艳的邮票设计印刷领域增添了新的品种。奥地利邮政在制作上也颇费功夫，经过多次试验才使这些镶嵌在邮票上的水晶颗粒确保在邮寄过程中不致损坏或脱落。在两年之后的 8 月 22 日，中国香港邮政与奥方联合发行了"烟花"邮票，图案一为香港维多利亚港上空烟花盛放的景象，二为维也纳普拉特公园烟花璀璨的景观。邮票上的烟花也镶嵌有水晶，使画面显得更为晶莹夺目，熠熠生辉。2005 年，为纪念最西部的一个省份福阿尔贝格州刺绣产业，奥地利发行了一套两枚的刺绣不干胶邮票。这是继瑞士、意大利之后，奥地利作为第三个国家发行这种邮票。图案是阿尔卑斯山区最漂亮的两种花卉——奥地利国花"雪绒花"和象征爱情

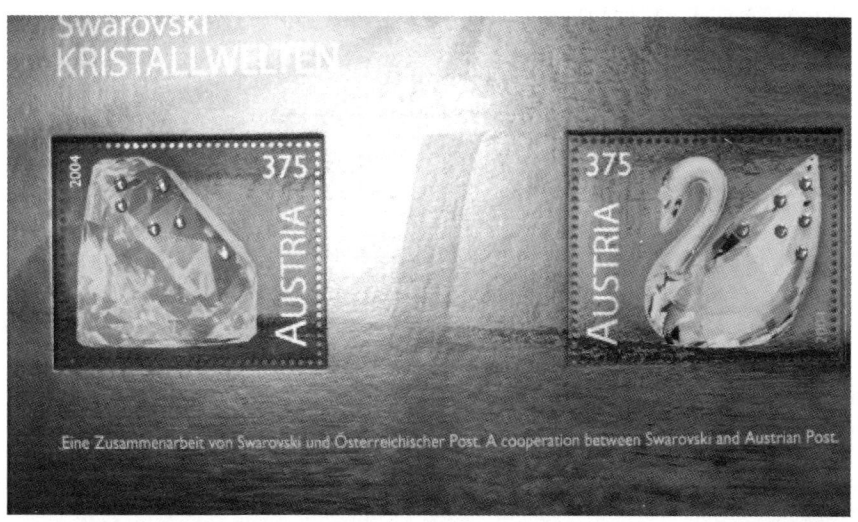

奥地利邮票

奥地利邮票

的"龙胆草"。据说,刺绣是唯一一种可以制造艺术性破坏效果的纺织技术。中世纪时期,继刺绣之后,剪刀、针、线从中国经由丝绸之路到达巴比伦。教士们将刺绣艺术偷偷带进欧洲的修道院和皇宫,在那里刺绣艺人们享有特权。当时,奥皇玛丽亚·特蕾西亚也将这种特权授予了布雷根茨森林的刺绣艺人,从而为福阿尔贝格州的刺绣经济奠定了基础。2006年,奥地利邮政再次引领世界邮票发行潮流,发行了一套名为"来自另一个世界的信件"的小型张。令人称奇的是,每枚邮票图案上的流星光芒中都镶嵌有0.03克真实陨石颗粒。其所用陨石,来自火星和木星之间环绕太阳的一颗小行星,年龄约为45亿年,几乎与地球同龄。如此等等,数不胜数。

这些构思巧妙的邮票和名目繁多的纪念封浓缩了奥地利美丽如画的风光、底蕴深厚的人文历史以及与时俱进的科技成果,成为这个国家独特的名片,在我们共同居住的"地球村"传递着友谊,加深着相互了解。即使在当下信息技术日益普及的时代,传统意义上邮票的作用仍不可替代,集邮的乐趣更具价值和意义。

(二)天涯若比邻

中国和奥地利虽然远隔万里,但相互交往和友谊的历史却源远流长。据记载,双方交往始自 17 世纪。在富丽堂皇的哈布斯堡王朝的夏宫——维也纳美泉宫里,专门开辟了一间中国陶瓷展厅,里面除了陈列着各式精美的中国瓷器外,还摆设着一些木刻的中国陶瓷仿品。可见当年帝王之家对中国陶瓷的崇拜与珍爱。出生于 1870 年的著名奥地利轻歌剧之王弗兰茨·雷哈尔谱写的《微笑的国度》则叙述了一个出使奥地利的中国王子与奥地利伯爵千金浪漫凄美的爱情故事。当由西方列强组成的八国联军打到北京的时候,其时奥地利驻华公使罗斯特霍恩先生明确表示:"如果我是中国人,我也会加入义和团。"

第二次世界大战期间,德国法西斯肆虐欧洲,各国人民面临灭顶之灾。当时中国驻维也纳领事何凤山先生出于人道主义的同情心,顶着巨大压力,毅然向数以千计的犹太难民伸出援手,帮助他们逃离魔窟,奔赴中国上海。后来,他们当中的许多人,包括著名的"大鼻子医生"罗生特,辗转来到解放区,与中国人民并肩抗击日本侵略者。何先生被以色列封为"圣人",罗生特受到中国人民的尊敬。

克莱斯蒂尔总统亲笔签署的纪念封

新中国成立后，奥地利积极发展对华关系。1964年双方互设贸易代表处，1971年5月28日建立外交关系。我在奥地利先后工作和生活共计11年，其中于2000年至2007年担任中国驻奥地利共和国特命全权大使。我是第八任中国大使，结识了四任奥地利总统，五任奥地利总理，并与他们和奥地利人民结下了深厚友谊。

担任大使期间，我经历了中奥建交30周年和35周年。在这两个重要的大庆之际，双方商定共同发行纪念邮票和纪念封。带有中奥两国国旗的30周年的纪念封上有一枚奥地利维也纳图案邮票，票面上印有"维也纳邀请参加1965年国际邮票展览会"字样；另一枚是中国聊斋故事图案（阿宝、画皮）的邮票。带有两国国徽的35周年的纪念封上，奥方邮票以其乒乓世界冠军施拉格为图案，我方是两枚以拉祜族歌舞和朱雀衔环杯为图案的邮票。上面均盖有两国邮政部门专门设计的纪念邮戳。我记得，纪念两国建交30周年的纪念封发行伊始，我特地赠送给了克莱斯蒂尔总统，并请他为几个纪念封签名留念。

（三）两套特殊的纪念邮票

集邮界的朋友们都知道，每件邮品背后都有一个故事，一个秘密。在这里，我愿意向大家披露两套涉华纪念邮票背后的外交故事。

首先是一套奥地利印制发行的我国航天英雄杨利伟的纪念邮票。2003年，我国首次载人飞船"神舟五号"顺利升空，中国人民几千年的航天梦想变成了现实，航天英雄杨利伟也瞬间成了名人。全世界都为中国的成功感到欢欣鼓舞。次年5月，中国载人航天工程代表团应联合国外空司邀请抵达维也纳，对该机构设在维也纳的联合国办事处进行访问。对此，奥方感到无比荣光，决定印制发行一套纪念邮票。这套邮票共有4枚组成：杨利伟头像，着航天服的杨利伟，"神五"火箭点火升空，回收舱安全着陆。面值均为55欧分。这套邮票一经发行，立即引起各方关注，成为邮友们的猎取目标。

更加有趣的是，奥地利航天之友俱乐部获知杨利伟一行抵达维也纳的信息后，立即通过中国驻奥地利大使馆，请求我代表团出席他们

第三章 奥地利时光

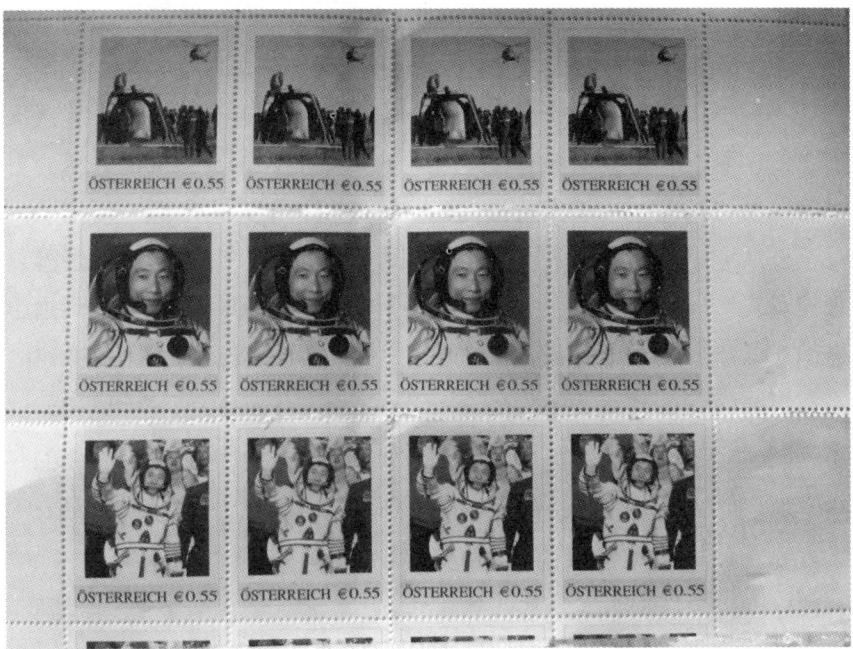

奥地利发行航天英雄杨利伟邮票

中国代表团参加航天邮票象征性收回活动

组织的见面会和一次象征性的航天活动。记得活动举行的那天是 6 月 20 日，阴沉的天空，飘落着丝丝细雨。维也纳郊区的小镇索伦那的居民几乎倾巢出动，都想亲眼见证这次空前盛举。这次共进行了 4 次火箭飞行，每次都搭载着贴有杨利伟纪念邮票的邮件，共计 250 枚。可惜第一次飞行时，由于火箭推力过大，火箭顶端发生断裂，所搭载邮件全部从空中散落，丢失很多，仅仅收回 102 件。又因为大雨浇淋，邮件色彩图案也多模糊不清。4 次飞行产生的 4 种火箭邮件，均用维也纳 6 月 19 日的纪念邮戳销票。这些邮件立即成为邮友们珍爱的藏品。

另外一套就是奥方发行的熊猫纪念邮票。当年，为了庆祝美泉宫动物园成立 250 周年，奥地利方面非常希望从中国得到一对大熊猫。当中国政府 2002 年答应满足奥方愿望后，奥方的喜悦之情溢于言表。奥方原本打算专门铸造一套纪念币以示感谢，但由于时间紧迫，奥地利邮政部门不得不放弃原来计划，发行了一套熊猫纪念邮票。

（四）青藏铁路邮票发行始末

尽管就总体而言，中奥双边关系很友好。但是，由于双方社会制度和意识形态不同，文化历史背景各异，经济发展水平差别，双方存在分歧在所难免，尤其是在一些涉及我们核心利益问题上，例如台湾、西藏、人权、法轮功等问题上，有时分歧还很突出，斗争也很激烈。这里我给朋友们讲一个有关的故事。

2004 年，第十四世达赖喇嘛将迎来 70 岁生日。达赖集团为了制造舆论，扩大影响，打算拉拢奥地利邮政部门发行一套达赖纪念邮票，并已经为此支出了一大笔订金。朋友们可能有所不知，奥地利和达赖之间有着一种特殊联系。首先，奥地利本身是一个山地国家，阿尔卑斯山横贯全境，因此该国民众本能地对同样是雪域高原的西藏抱有好感与关切。

而更重要的是，达赖的英文老师是奥地利人海因里希·哈勒。根据畅销德语区的《明星》杂志 1997 年 5 月 28 日揭露，年轻时的哈勒

奥地利发行大熊猫邮票

是一个早在1933年就加入当时非法的冲锋队的铁杆奥地利纳粹党人。1938年德奥合并后,哈勒公然加入臭名昭著的纳粹核心组织、负责护卫"元首"希特勒的党卫军。在瑞士一次登山活动中,哈勒由于充分体现了"雅利安"人种"优秀性"这一纳粹核心理论,获得希特勒的亲自接见,并合影留念。

1939年,哈勒接受希特勒秘密使命,亲率一个小分队奔赴喜马拉雅山区考察所谓"西藏人与雅利安人种的血缘关系"。途中,他们在印度被英军以战俘身份抓获,1944年,哈勒逃离集中营,只身前往西藏,1946年到达拉萨,结识年轻的达赖,担任当时只有11岁的达赖的私人教师。1951年他离开西藏后,撰写了《在西藏七年》一书,被达赖喇嘛称为"最亲近的西方密友"。据英国军情六处最新解密的档案披露,1943年,党卫军头目希姆莱向希特勒提交了一份2000页的计划,这份计划的核心内容就是提议到西藏寻找传说中的"极乐世界香巴拉"。一旦找到,纳粹将空降1500名伞兵到西藏,这样纳粹就可以在香巴拉东山再起。1951年,哈勒回到奥地利后,英国情报机构收缴了他从西藏带回来的大批情报档案,而所有有关香巴拉的纳粹档案,在100

奥地利发行青藏铁路邮票

年内不得公布。2007年6月16日,俄罗斯《论据与事实》周报猜测说,在这些档案公布后,人们也许会发现,哈勒到西藏的真正目的,也许和寻找香巴拉有关。至于哈勒当时对达赖灌输了什么,目前不得而知。但是达赖宣称为保持西藏文化的独特性,抵制汉族人向藏区移民,要求藏族人只能穿藏服、说藏语、写藏文。这些主张和挑起民族矛盾的种族优越论和种族隔离的做法看起来颇有几分类似。

  国内了解到奥地利邮政部门计划出版发行达赖纪念邮票的信息后,非常重视,立即指示我馆向奥方提出交涉,千方百计做工作,争取打掉达赖集团的这一图谋。我们得到国内指示后,进行了认真研究,并且做了详细分工。有针对性地做工作,动之以情,晓之以理。我们在做工作时,也希望奥方权衡利弊,建议它不要盯着这次印制达赖邮票赚点小钱,而要作长远打算,争取与中国邮政部门合作。那一年,我国青藏铁路即将建成通车,我们便建议奥方以此为契机,先考虑发行一套青藏铁路纪念邮票。为了促成双方合作,我们还积极做了国内有关部门的工作。在各方共同努力下,奥地利邮政部门终于放弃了原来计划,进而决定发行一套青藏铁路通车纪念邮票。这枚邮票,可能是国外为这一世界屋脊上的奇迹发行的唯一一枚纪念邮票。

我们把交涉情况和做工作结果报回国内后,国内有关部门非常满意,并通报表扬,称我们的胜利将有利于打击达赖集团嚣张气焰,压缩其活动空间。

奥地利邮政部门1994年发行的这枚纪念邮票,面值为55欧分,图案正中是布达拉宫全景,一条直线和一条弧线象征着青藏铁路,邮票上方印着一行英语为"青海—西藏—铁路"。整枚邮票图案简洁,主题鲜明,国内罕见,极具收藏价值。

七、广交朋友

(一)亲如一家

奥地利国家虽小,但也是一个华侨华人聚集的地方。据不完全统计,旅居奥地利的华侨华人总数在4万人左右。我总结了这样几句话:

在旅奥华人朋友家做客

会见华人朋友

一是老华侨华人少，新人多；二是他们来自中国大陆、中国香港、中国台湾地区，但多数来自大陆，并且多数是改革开放以来出去的；三是各个省份都有，但多数来自浙江青田；四是各行各业都有，但多数从事餐饮生意；五是富人少，小康人家多；六是爱国的多，反华的少。他们不管来自祖国何地，绝大多数人都把中国大使馆当作自己的娘家和靠山。我们在奥地利工作生活了十几年，与他们亲如一家，来往很多，结下了深厚的友谊。每当祖国家乡遇到什么灾害或者困难，如地震、水灾、旱灾，等等，他们总是感同身受，随时都会慷慨解囊，出手相助；每当"台独"等各种反华势力制造事端，进行分裂活动，他们都会挺身而出，或举行支持祖国统一活动，或签名抗议；每当祖国利益受到外国强权势力的侵害，例如中国大使馆受到无端轰炸，祖国领土主权受到蓄意挑衅，他们都会义无反顾，义愤填膺，参与各种抗议活动；每当中国领导人出访，他们都会响应使馆号召，积极组织欢迎队伍，参与接见。如此等等，不一而足。他们对使馆的工作给予了有力支持。同时，一旦他们的合法权益受到侵犯，或者遇到什么困难，我们使馆也会遵循中央"外交为民"的理念，立即启动应急机制，采取各种可能的措施，给予力所能及的帮助。

（二）化解商业纠纷

2002年12月，在几个不法留学生的煽动蛊惑下，50多家江西景德镇私营企业主贸然来到维也纳举办瓷器展销会。据说在此之前，这些企业主也曾在海外举办过类似展销会，赚了不少钱。这次，他们凭着想象，认为中国瓷器誉满全球，肯定在欧洲也能大赚一笔。于是，他们轻信那几名留学生的忽悠，用几个大型集装箱将大量精美的景德镇瓷器运抵维也纳。

但是，事与愿违。那几个浑小子根本没有什么资金，无力举办什么展销会，只是想借此捞钱。结果，展销会办得一塌糊涂，观众寥寥无几，展品销售不了，几乎全部砸在手里。有的企业主甚至连回程的机票钱都没有挣到。于是，他们群情激昂，打算滞留在维也纳，一方面与那帮留学生纠缠，另一方面也在酝酿到我们使馆请愿。在这种紧急情况

与华人和外国朋友在一起

与外国朋友和中国留学生在一起

下,我们启动应急预案,一方面尽快向外交部和江西省政府汇报,另一方面分头召开各方面会议,积极稳妥地进行工作。我和商务参赞多次接见全体企业主,对他们晓之以理,动之以情,劝他们维护祖国尊严,从大局出发,从长远利益考虑,稳妥平和处理矛盾;我们多次召见此次活动的组织者,对他们进行严厉批评,敦促他们履行诺言,根据合同赔偿损失;我们还约请当地几名主要华侨首领,请他们帮忙出主意,想办法,以化解危机。江西省政府对于此事非常重视,立即派出以景德镇市一位副市长为首的工作组飞赴维也纳帮助做工作。

在各位侨领的积极工作和大力支持下,一位香港餐馆老板挺身而出,表示愿意全部买下。他想方设法租下几间仓库,将那些瓷器存放在那里。江西方面也表示,愿意帮助他进行护理和推销。关于货款的问题,经过一番周折,最后也得到妥善解决。至此,在各方努力下,这场风波得以基本平息。我们使馆受到有关方面的表扬。

（三）垃圾桶的故事

　　维也纳人口不到 200 万，而中餐馆却有几百家。可想而知，这中间的竞争有何等激烈。维也纳中餐馆老板中有一个叫阿明的，来自浙江青田，是为了逃避计划生育政策才到奥地利投亲靠友的。他早年当过兵，对我们军队特有感情。他与我们使馆关系非常密切，接待过很多国内来访的代表团，餐馆四壁墙上挂满他同代表团合影的大照片。由于他人缘好，还有使馆给他捧场，餐馆生意非常红火。不过，前几年最让他头痛的一件事就是他餐馆门前的几只垃圾桶。那几只小小的垃圾桶，不偏不正，正好挡在餐馆正门前面。整天脏水滴漏，异味难闻。按照中国人的传统说法，这叫挡住财源呀！于是，他多次向当局反映，或写信，或打电话，希望他们理解自己，将这几只垃圾桶搬走。可是得到的答复却只有一个，按照市政规定，它们不能动。

　　在万般无奈之下，阿明借我在他的餐馆宴请代表团的机会向我诉苦，希望使馆施以援手，帮助他解决困难。虽然他并没有抱很大希望，但我却当成了一件大事记在心头。经过研究，我们决定去找我们使馆在维也纳市政府的一位朋友，请她想想办法。这位朋友就是曾在山东大学留学的郭思乐女士，后来担任了维也纳市长办公室主任。再后来，当我国艺术团体在金色大厅演出需要一名当地女主持人时，经过再三考虑，我首先推荐了她。当然这是后话。郭思乐女士人长得漂亮，气质高雅，知识丰富，中文流畅，尤其是非常友好，对中国很有感情。在她的积极干预下，阿明的困难终于得到解决，困扰他多年的心结终于打开。2004 年 5 月的一天，垃圾桶被移开的那一刻，阿明放起了鞭炮，脸上露出了开心的笑容，还向中国使馆送了锦旗。

（四）关心留学人员

　　奥地利国家不大，但我国在那里的留学生却不少，据使馆教育处统计，大约有 2000—3000 人，公费和自费的都有，自费的居多。他们分布在奥地利全国各所高校，有学自然科学的，也有学习经济金融和旅游的，也有不少是学习音乐的。例如我国著名青年指挥家李心草就毕业于维也纳音乐学院。

根据工作需要，使馆设有教育处，其人员主要由我国教育部派出。教育处的职责主要是，促进两国教育部门的友好合作、管理和帮助我国在奥地利的所有留学人员。因此，我们鼓励我国到奥地利的所有留学人员能够及时到我教育处报到，以便使馆能够尽可能掌握全面情况，做到心中有数，争取服务工作更加周到细致。遇到紧急情况，也能做到有条不紊，不留死角。

我馆教育处均与留学人员保持着密切联系，经常走访他们，了解他们的学习生活情况，给予经常性的帮助；使馆也组织一些活动，以增进留学人员与使馆和祖国的联系，例如经常组织留学生代表参加一些我国领导人访问的欢迎礼宾活动，逢年过节组织一些联谊活动。每遇中国的传统节日春节，使馆都要组织专门的招待会，邀请海外学子们回家过年，品尝家乡菜肴，畅叙爱国情怀。每到传统佳节，我总要在招待会上讲话，介绍国内形势，勉励他们刻苦学习，遵守驻在国法律，学好本领报效祖国。

与华人妇女会会长在一起

在奥地利工作多年，我们也结交了一些留学生朋友。其中就包括我国目前顶级量子科学家潘建伟。潘建伟1970年3月出生于浙江东阳一个普通农民家庭。他从小就喜欢钻研自己感兴趣的东西，是爱因斯坦的崇拜者，在大学时就喜欢阅读《爱因斯坦文集》。当时，他就对量子叠加态问题产生了浓厚的兴趣。于是，在获得中国科技大学理论物理学士和硕士学位后，潘建伟1996年决定出国继续攻读博士。他选择的是奥地利维也纳大学，选择的辅导教授是学识渊博的塞林格教授，即后来的量子力学的世界级大师、奥地利科学院院长。他此后的人生就是一步步向这个目标前进的过程。1997年，在塞林格的领导下，他作为第二作者在《自然》杂志上发表论文，宣布在实验中实现了量子态隐形传输，被公认为量子信息实验领域的开山之作，《科学》杂志将它列为年度全球科技进展。这一年，他年仅27岁。2001年，我国中科院批准由他在中国科技大学负责组建量子物理和量子信息实验室。

2003年12月，我在一次旅奥留学人员代表聚会时，见到了潘建伟。他向我介绍了自己的一些情况，并告诉我说，他政治上非常爱国，曾经参加过抗议美国轰炸我国驻前南斯拉夫使馆的游行，已经引起一些国外机构的注意。我听后关切地提醒他，注意保护自己，希望今后在政治上可以适当低调一些，集中精力搞好学习和科研，将来更好报效祖国。他表示非常感谢。

（五）与多边团的合作

在一个国家，甚至在同一座城市，同时存在着两个中华人民共和国的官方代表机构,维也纳可谓是独一无二了。在维也纳市中心第3区,设有中国驻奥地利大使馆，而在美丽的多瑙河畔，又有一个中国常驻维也纳联合国机构和其他国际组织代表团。

如前文所述，在时任秘书长瓦尔德海姆的努力下，联合国于1981年1月1日在维也纳设立办事处，随后有众多联合国机构和国际组织跟进，将总部设在这里。

与王毅外长合影

与中国多边团大使会见华人朋友

在 1971 年 10 月 25 日举行的第 26 届联合国大会上，中国恢复了合法席位。在联合国维也纳办事处成立之初，中国驻奥大使馆和常驻维也纳联合国机构和其他国际组织代表团合署办公。我国加入国际原子能机构后，于 1984 年 1 月 24 日正式成立常驻团。次年 5 月 7 日任命曹桂生为首任大使衔团长。在我任期内，先后经历过多边团的陈士球、李长和、张义山、张炎、吴海龙、唐国强等大使。

总的来说，在我担任中国驻奥大使期间，使馆与代表团的关系比较融洽，相互尊重，相互支持，圆满完成了任务。具体合作内容包括：一是内部合作。为了开拓馆员眼界，增进相互了解，我们经常组织报告会，介绍各自工作情况以及工作经验；周末或节假日，组织馆员联欢和参观游览，增进友谊。二是工作合作。为了节省开支，两个机构曾经尝试共同举办国庆招待会等活动；遇到外事交涉问题，我们互相配合，互相支持。三是共同接待国内代表团，特别是共同接待我国航天英雄杨利伟，等等。所有这些活动，都给我们留下了美好回忆。

八、崇高的荣誉

我们夫妇两人先后在奥地利工作生活了 11 年，忠实践行中央对奥政策，广结善缘，上至国家和各党派领导人、企业家、银行家，等等，下至各阶层普通民众，包括广大侨胞朋友，讲述中国故事，搭建友谊桥梁，扩大我国影响，营建了两国建交以来政治、经济关系最为友好和谐的时期之一。为此，我们跑遍了奥地利的 9 个州，奥地利仿佛成为我们的第二故乡。我们的辛勤努力没有白费，我们确确实实做到了朋友遍天下，遇到事情有人帮忙。

为了褒奖我们的工作，2006 年 6 月 27 日，奥地利全国友好协会授予我及奥地利卫生部长、联邦议会议长等友好勋章。仪式在国民议会大厦举行，议长科尔先生亲自出席并致辞。次年 3 月 16 日，奥地

奥地利全国对外友协和布根兰州所授勋章

菲舍尔总统题词"衷心感谢卢永华大使夫妇在奥地利的卓越工作"

利最东边紧靠匈牙利的布根兰州政府授予我该州保护神考姆图十字勋章，我作为获奖者表示了感谢。从面积上讲，布根兰州是奥地利9个州中最小的一个，也是最年轻的一个。1918年，"一战"结束，奥匈帝国瓦解，处于夹缝之间的布根兰州曾就归属问题进行全民公决，结果是多数同意归属奥地利。我在任期间，该州与我国关系得到长足发展，它与我国湖南省结为友好省州关系。

在我们离任前夕，即2007年9月24日，奥中友好协会名誉主席苏海文先生专程从香港赶回维也纳，在市中心最为著名的萨赫饭店举行盛大宴会，为我们饯行。应邀出席作陪的有国民议会议长普拉默、联邦议会副议长哈塞尔巴赫、维也纳市副市长雷德、外交部秘书长库勒、联邦商会司长库恩、银行行长李布舍尔以及奥中友好协会主席施图岑贝格等。菲舍尔总统在我们与他们夫妇合影的照片上亲笔题词，"衷心感谢卢永华大使夫妇在奥地利的卓越工作"，作为宝贵的纪念赠送给我们。在他此后的多次访华时，仍然不忘老朋友，邀请我们出席各种活动，见面时热情拥抱，并在2015年3月15日的欢迎宴会上主动将我介绍给主人习近平主席。习主席和我亲切握手，对我们为发展中奥友好关系所做出的积极贡献表示祝贺。

附录一
奥地利概况

一、奥地利的悠久历史

每每看到"奥地利"这个名字,读着它的拼音,我就不由得对当年的译名者肃然起敬。"奥地利",乃奥国为地利之地也。古人云,凡成大事者,须靠"天时、地利、人和"。地处欧洲中枢的奥地利,四通八达,占尽地利,真可谓得天独厚,人杰地灵。我曾经把这个发现告诉奥地利的朋友们,他们都乐得合不拢嘴。

公元996年,《史书》中第一次提及"奥地利"。奥地利于12世纪中叶在巴本堡王族统治时期形成公国,成为独立国家。1278年开始了哈布斯堡王朝长达640年的统治。18世纪初,哈布斯堡王朝领土空前扩大。1815年维也纳会议后成立了以奥地利为首的德意志邦联,1866年在普奥争夺德意志联邦领导权的战争中失败,由普鲁士单独领导组建德国。1867年奥地利则与匈牙利签约,成立奥匈帝国。按所谓的"1867年折中方案",匈牙利成为二元国家联邦(帝制与王权合一

维也纳咖啡厅

的君主政体)的平等成员,联邦拥有一个君主以及共同的外交、财政和军事部门。但帝国的两部分各有自己的议会。1914年6月28日,奥地利皇储费迪南大公在萨拉热窝被塞尔维亚民族主义分子刺杀,这就引发了第一次世界大战。1918年秋,同盟国(奥匈帝国,德意志帝国,奥斯曼帝国)战败,奥地利成为共和国,奥匈帝国解体成若干民族国家。第二次世界大战也与奥地利有关。生于奥地利与德国交界城市布劳瑙的阿道夫·希特勒(1889—1945)在纳粹德国上台后,1938年3月吞并奥地利。二战后奥地利被苏、美、英、法4国占领。1945年4月奥地利成立第二共和国。1955年5月,4个占领国同奥签订《重建独立和民主的奥地利国家条约》,宣布尊重奥的主权和独立。10月占领军撤出,奥地利重新获得独立。10月26日,奥国民议会通过永久中立法,宣布不参加任何军事同盟,不允许在其领土上设立外国军事基地。对于二战这段历史,奥地利人讳莫如深。有的朋友甚至无奈地调侃道,贝多芬来到奥地利学好了,而希特勒去德国学坏了。我们去布劳瑙镇寻访希特勒故居时,当地百姓也很不情愿地指认,对其历史更是噤若寒蝉。只是故居前面的一块花岗岩石块上赫然镌刻着:"像第二次世界大战这样的事情,今后绝不允许重演。"

奥地利的国旗自上而下由红、白、红3个平行相等的横长方形相连而成,旗面正中是奥地利国徽图案。据说此旗的来历可以追溯到奥匈帝国时期。当时的巴本堡公爵在与英王理查德一世激战时,公爵的白色军衣几乎

维也纳施特凡大教堂

全被鲜血染红，只有佩剑处留下一道白痕。从此，公爵的军队采用红白红为战旗颜色。1919 年正式定为奥地利国旗。奥地利的国徽为一只鹰。黑色的雄鹰头戴金冠，2 爪分别握着金色的锤子和镰刀，胸前的盾面上为国徽图案，鹰爪上还套有被打断的锁链。鹰是奥地利的标志，壁形金冠象征市民，镰刀和锤子象征农工，锁链被打断象征奥地利人民获得自由、解放。奥地利国歌为《让我们拉起手来》，国花为火绒草，国鸟为家燕，面积为 83871 平方公里，人口为 811.8 万。首都维也纳人口有 170 万。

二、与德国人不同的奥地利人

由于有在民主德国工作的经历，因此我们一踏上奥地利的土地就有一个强烈的愿望，即千方百计地要探寻一下奥地利人与德国人究竟有什么不同。为此，我们曾读过不少书，也请教过不少奥地利人和德国人，结果却大相径庭。有的朋友甚至调侃说，他们之间最大的区别在于他们都讲德语。事实上，就连他们讲的德语也有许多不同之处，例如德国人说"土豆"，而奥地利人则称为"土苹果"。还有的朋友甚至比喻，如果说德国人像日本人，那么奥地利人就是欧洲的中国人。

有人发现，德国人的目光尖硬、冷峻、凝聚、专注，像一小块碎玻璃。这也许是他们严谨、苛刻、一丝不苟、善于逻辑思维的民族性的表露。但这块玻璃越过连接德奥两国的边界，到了奥地利人深陷而柔软的眼窝里就融化了，好像从多瑙河舀起的一小勺水，晶莹而温和，平静又散漫。有人断言，浪漫是奥地利人的灵魂，散漫是奥地利人与生俱来的天性。这块不大的充满诗情画意的山地之国，仿佛到处都弥漫着散漫的气息。那些起伏不已的绿色丘陵，那些红白色的夹顶小楼，那些系着颈铃的老牛，全像睡汉，懒洋洋，自由散漫。城镇里的一些店铺在门外，用各式围栏和各样花池圈起一半边道，摆几张小桌，或酒或茶，有人独酌，也有朋友小聚，一杯葡萄酒或一杯卡布奇诺咖啡也能耗上半天时光。

奥地利一年中法定的公休日有近百天，宗教节日不胜其多。有人计算过，奥地利人一半日子在度假。可能许多朋友还不知道，在欧洲许多国家商店在周末是不开门的，或者是限制开门时间。我们清楚地记得，奥地利议会还对这个问题专门进行过辩论，结果是议而不决，最后是不了了之。据说，反对商店周末开门的是商店店员及其工会组织，因为他们认为商店周末开门会影响他们同家人团聚，从而侵犯了他们的人权。

奥地利朋友有时调侃德国人称，德国人活着是为了工作，而奥地利人工作是为了活着。这似乎已经成为全体奥地利人的一种生活观。尽管奥地利帝国在昔日欧洲的历史上曾经辉煌过，但先人那股子并吞天下的雄心壮志早已化为一种历史感觉。除去少数政治家之外，多数普通的奥地利人则一往情深地醉心于昔日的文化，天赐的山川风物，葡萄美酒和华尔兹。他们在尽情享受着生活，享受着一切。因此，他们才显得那样潇洒、随意、散漫和自由自在。

世界文化遗产哈尔斯塔特

到此为止，人们似乎可以觉悟到一些奥地利人与德国人在性格上的差异。也只有从这些差异出发，人们似乎才可以理解他们在待人处事时所持的态度和所采取的立场。

三、阿尔卑斯山麓下的人间天堂

据联合国调查，奥地利属于全世界最适于人类居住的国家之一。奥地利是一个内陆国家，位于中欧的南部，既有东阿尔卑斯山，也有多瑙河流域，而且与地中海区域为邻。在这个欧洲中心的国家里，有多种多样的地形、气候和植物。奥地利的所有地区均有充足的降雨量，不过越往东越减弱。东部属于大陆性气候，7月份的平均气温一般在19度以上，年降雨量一般在800毫米以下，阿尔卑斯山地区属于阿尔卑斯山气候，即降雨多，夏季短，冬季长。其他地区属于欧洲中部的潮湿性温和气候，7月份平均气温在14度至19度之间，年降雨量在700毫米至2000毫米。奥地利气候宜人，风调雨顺，全国森林覆盖率高达47%以上。众所周知，欧盟内部农业问题突出，粮食和其他农产品过剩。为此，欧盟在各成员国积极鼓励推行退耕还林、退耕还草政策。估计对于林场、草地的补贴远远高于对粮食的补贴。因此，在奥地利境内，除了森林，便是草地，再加上一点点农田（农业在奥地利三产当中仅占2%左右），几乎没有裸露的土地，到处是一片葱绿，真是山清水秀，全国就是一个"大氧吧"。

奥地利的地势西高东低，全国起伏绵延，绿树红瓦，教堂林立，牛羊遍野，气象万千，处处是一幅幅天然油画，令人赞不绝口。奥地利水源丰富，从东到西，湖泊遍布，特别在萨尔茨堡附近的盐湖区，几十平方公里的湖泊一个连着一个，竟达数十个之多，个个碧波荡漾，清澈见底，取一杯湖水便可饮用。据测算，奥地利可供4亿人口饮水。也有人说，奥地利正在考虑向中东地区出口淡水。总而言之，在当今世界水资源已经成为全球性大问题的时候，奥地利无疑拥有一笔无价的战略资源。

正因为奥地利得天独厚，风景如画，所以旅游业已成为国民经济的支柱产业。在奥地利，人们不仅能够欣赏到美轮美奂的大自然风光，享受上天赐予的夏季滴翠和冬季皑皑白雪，而且还能够领略到跌宕起伏的人文历史。奥地利的旅游业直接创造的增加值占到了国内生产总值的 9.8%。这些经营服务是由大约 4 万家旅游企业（不包括休闲，娱乐业）及其 22 万职工提供的。2004 年，外国游客给奥地利旅游业带来了大约 150 亿欧元的收入。根据世界贸易组织的统计，奥地利的旅游业在全世界排名第七。在国际游客往来方面，这个阿尔卑斯山共和国还是世界上观光人次最多的国家之一。2004 年有 2850 万人来观光，11720 万人次留宿，从而使奥地利再度进入了世界上最受欢迎的 10 个顶级旅游目的地的行列。北京与维也纳之间有直达航班，每天 1 班，飞行时间约为 9.5 小时，来往非常方便。

对奥地利这个经济发达、旅游优先和具有悠久福利传统的国家来说，如何保护好这块上天赐予的风水宝地，实现可持续发展，始终是经济政策和社会政策极为关注的头等大事。例如，它将如何保存一个完整无损的环境作为对其能源政策的重要挑战。为此，该国没有任何核电站运行，并承诺今后几十年都作为一个无核国家。2002 年其国内能源结构大体是：水利占 34.6%，其他可再生能源占 36.8%，天然气

阿尔卑斯山脉。

占 16.2%，石油占 9.1%，煤占 3.3%。在这方面，我们可以向小小的奥地利学到不少好经验、好技术。

四、闻名遐迩的音乐之乡

人们一提起奥地利，首先想到那是一个闻名遐迩的音乐之乡。这话一点不假。有人说，维也纳的空气当中都飘着音符。德国著名音乐家勃拉姆斯曾经说过，在维也纳散步时千万小心，别踩着地上的音符。

奥地利从来就是音乐的国度。素有"音乐之都"美称的维也纳，培育了舒伯特、海顿、莫扎特、贝多芬、约翰·施特劳斯父子、勃拉姆斯、马勒和勋伯格等全世界著名的音乐家。卡尔·勃姆和卡拉扬等一流指挥家和维也纳爱乐乐团、维也纳交响乐团的演奏更使奥地利登上了音乐之都的宝座。一年一度在金色大厅举办的新年音乐会向全世界转播，听众达数十亿之多。在奥地利，音乐是人们生活的一部分，无论你走到哪个地方，无论你听到的是街头艺术家的献艺，还是乡村乐队的吹拉弹唱，你都会感到音乐已经深深融化在每个奥地利人的血液里。每年的夏秋季节，人们都可以在奥地利的每个大城市里欣赏到形式繁多的文艺活动：音乐之都维也纳举办的维也纳艺术节和维也纳之夏，铁城举办的国际海顿艺术节，林茨举办的布鲁克纳音乐节和音乐彩虹，因斯布鲁克举办的古老音乐节，菲尔德基希举办的舒伯特音乐节，格拉茨举办的施泰尔之秋，等等，不胜枚举。值得一提的还有最西端的布雷根茨市在博登湖上举办的水上音乐节和最东端的莫比什举办的水上轻歌剧艺术节。每年年初的一二月份，正值隆冬季节昼短夜长的时候，奥地利全国便利用这漫漫长夜在各地举办各个界别、各种形式的联谊舞会，有司法部门舞会、警察舞会、军队舞会、咖啡界舞会，甚至还有掏烟囱工人舞会。届时，每个人都会收到一大箩请帖。女士们翻箱倒柜，穿上与众不同的最华丽的服饰，男士们则着大小燕尾服，双双奔走在各个舞场，每每直至凌晨方才罢休。

有专家考证，奥地利人喜爱音乐艺术是有历史渊源的。在12世纪和13世纪，宗教文学在奥地利盛行的同时，骑士文学和宫廷文学也可与它并驾齐驱。例如马克西米安一世皇帝（1459—1519）本人也写作，他特别支持戏剧艺术和剧院的发展。皇宫常常协助演出许多光彩夺目的歌剧，讽喻的节日文艺会演比比皆是，也繁荣了民间宗教戏剧。这种民间宗教戏剧至今还活跃在农民的耶稣受难剧和狂欢节中的民间讽刺滑稽戏剧中，由天主教团引进的教育性戏剧直到17世纪还保持着它传播宗教和教育广大人民的重要作用。在巴洛克时代，奥地利成为欧洲戏剧文化的中心，金碧辉煌的维也纳皇宫演出的歌剧和芭蕾舞（一般人都可以享受）为获得这个领先地位做出了重要贡献。

皇宫里设立的西班牙骑术学校里，西班牙品种的良马可以随着施特劳斯的奇妙旋律翩翩起舞，美不可言。这种场面，人们经常可以在维也纳新年音乐会转播时看到插播。大约在5世纪前，马克西米安一

维也纳金色大厅

世创建了维也纳童声合唱团。每逢皇帝加冕或宴会，童声合唱团都要出席演唱。海顿、舒伯特、布鲁克纳当年都是红极一时的小歌手。中国古语道，上有所好，下必甚焉。奥地利人一生向往的3个职业是：儿童时代要成为维也纳童声合唱团的一名成员，到了而立之年应该成为骑术学校的一名骑手，年近花甲则要当一名政府官员。受到历史的

艺术节演出

艺术节演出

熏陶，奥地利人喜爱音乐艺术简直到了痴迷的程度。据说几乎每个奥地利人都会一种乐器，一个家庭都会组成一个乐队，一个村子至少有一个乐队。可见"音乐之乡"的美誉名不虚传。

五、富有特色的袖珍工业国

中国百姓对奥地利的第一印象可能就是，奥地利是闻名遐迩的"音乐之乡"，是风景优美的"人间天堂"。这些印象肯定都是正确的。但是，也许很多人还不知道，奥地利国家虽小，但却还是一个高度发达的工业国，人均国民生产总值约为4万欧元，是我们的十几倍。

纵观该国的国民经济，其特点大致如下：（1）与时俱进，迅速建立完善本国的经济体系。奥地利在历史上经历了两次重大的领土变迁，一次是19世纪德意志民族神圣罗马帝国的解体，使当年疆域浩大的帝国一下子缩小为奥地利本土与中欧部分国家结盟的奥匈帝国；一次是"一战"结束后，中欧民族国家纷纷宣布独立，奥匈帝国解体，奥地利回归到如今的模样，面积仅为8万多平方公里的袖珍小国。随着疆土的急剧缩小，原来的经济命脉被切断，需要经过长期努力，花大力气建立起新的体系。

1. 因地制宜，建立符合本国国情的经济体系。奥地利是山地国家，矿产资源比较贫乏，旅游资源十分丰富。为此，该国建立了一个以第三产业为主的经济体系，大体情况是，一产（农业）占2%左右，二产（工业）占20%以上，三产（服务业）占70%以上。第三产业的从业人员和产值均相当可观。

2. 工业门类不求全，但求精。奥地利经济部门并不齐全，许多工业领域都没有，也没有大的跨国公司。但它善于利用自己的优势，把自己的优势做大做强。例如钢铁工业，二战期间，纳粹德国曾经利用林茨钢铁厂造过枪炮，该厂技术力量雄厚，于是战后便组成奥钢联，重点发展冶金业。机器制造业也是奥地利的长项，它生产的汽车发动机和其他零部件装在了德国制造的汽车上，低水头发电机组和旅游缆车出口到包括中国在内的世界各地。等等。

3.以创新求生存。奥地利人深深懂得，在当今激烈竞争的世界，保守必定失败，只有创新才能生存。人们可能还不知道，奥地利首创了氧气顶吹炼钢技术和熔融还原炼钢法，奥钢联能生产100多米长的钢轨。奥地利低水头发电机组很有特点，其涡轮机组是卧式的，只要水源有落差就可以发电。施华洛世奇水晶玻璃是在捷克波希米亚水晶玻璃的基础上发展而来的，只不过配方更加科学，切割更加准确精细。

4.注重可持续发展。从很长时间以来，奥地利就从理念、政策措施、人员素质等诸方面重视可持续发展战略，且取得了显著的成效。例如较早提出了"生态社会市场经济""绿色经济"和"循环经济"的理念；奖励退耕还草还林，惩罚乱砍滥伐；鼓励利用可再生能源，不搞核电；治理污染，大力推广环保技术，等等。

奥地利斯泰尔车辆厂

奥地利同 150 余个国家和地区有贸易关系，主要贸易伙伴为欧盟成员国，其中德国是最大的贸易伙伴。除欧盟外，奥地利的主要贸易地区为东欧、欧洲自由贸易区、亚洲和北美。在欧洲以外国家中，美国和中国是奥地利的重要贸易伙伴。奥主要出口产品是炼钢设备、水力发电设备、机械、交通工具、化工制品等等；主要进口商品为能源、原料和消费品。

中国和奥地利早在两国建交前就已建立了贸易关系。1971 年两国建交后，贸易额不断扩大，经济合作日益增多。我国出口的主要商品有：纺织品、服装、粮油食品、畜产品、工艺品、有色金属等，机电产品的比重有所增加。我国进口的主要商品有：技术设备、机械、五矿、化工和轻工产品等。 奥地利是我国技术引进的主要来源国之一。在冶金、载重汽车、铁道、城建、电力、食品和塑料工业等奥具有优势的领域，双方开展了多种方式的合作。奥地利企业在华投资的项目主要分布在上海、北京、南京等地。投资主要行业有电子、汽车发动机、化工等。

奥地利机器制造厂

从奥地利1985年正式向我国提供第一笔政府贷款起,两国间开始了财政合作。结合奥方的技术优势和我国建设的实际需要,项目主要分布在能源、重工、化工、基础设施和环保领域。目前,我国的远洋运输集团公司、中国国航、中国纺织品进出口总公司、华为公司等在奥设有机构。

六、和谐稳定的福利国家

奥地利是一个比较典型的福利国家。主要表现在社会保障网络健全。按照法律规定,对于每一个奥地利公民,无一例外,养老、失业、医疗3种保险为强制性保险,方法是个人、企业、国家各出1/3。一人参保,全家受益。有钱的人,除了一般保险之外,还可以购买特殊保险。国家还制定了最低贫困线标准,为700欧元左右,再加上各种补贴,大约为1000欧元。

1. 重视二次分配,有效防控贫富差别过大。奥地利的企业税、个人所得税、财产继承税等都很高。个人所得税实行累进制,挣得越多,缴税越多,最高可达50%。据了解,奥地利总统毛月薪为2万多欧元,但他要将一半作为个人所得税上交,然后再买各种保险,剩下来大约不足1万欧元。按规定,奥地利政治家可以兼职;医生除了正常上班外,还可以开设私人诊所。

2. 社会基础福利设施齐备。国家花大力气改善居民的衣食住行条件,例如为低收入者修建大量的经济适用房,交通方便且便宜;向弱势群体提供各种补贴;为补充劳动力而鼓励生育,按孩子数量给予补助,孩子越多补助越多。社会对老人倍加关怀,人均寿命已达80岁左右。

3. 有效调节劳资矛盾的机制。战后以来,为了调节劳资矛盾,奥地利形成了一套传统有效的机制,即"社会伙伴关系"。它包括资方、工会、农会和政府。每年年底,四方代表就要坐在一起对明年的经济预期、工资增长、通胀率、失业率等涉及国计民生的重大问题进行协商，达成一致，然后各方遵守诺言，相安无事。有人会问，劳方或者资方代表会不会漫天要价呢？答案是否定的。因为双方互有需要，资方需要工人的积极性，工人需要企业的发展。任何一方坚持自己的利益，都会破坏整个经济运行大局，结果对谁都没有好处。如果出现分歧，政府可从中斡旋调解。

4. 社会宽容蔚然成风。奥地利是个天主教国家，多数百姓为教徒，实行政教分离的政策。宗教不干预政务，但对整个社会的安定团结却起着不可忽视的作用。它教人行善和相互帮助，提倡宽容，反对冤冤相报，激化矛盾，谴责暴力行为，等等。宗教这种潜移默化的作用对社会祥和安宁都是十分有利的。

奥地利人的心态大都比较平和，很少产生极端心理。社会即使有竞争，也讲诚信，是理性的竞争。例如在商店里，即使顾客不懂商品的原材料是真是假，店主也会真诚告诉你真假。有人笑谈，世界上有两种竞争，一种是看见邻居有10只羊，竞争者就希望邻居的羊能死

在奥国朋友家做客

掉5只，这样他就和自己的5只羊一样多了；另一种是，看见邻居有10只羊，竞争者则希望自己能有15只，这样就比邻居多5只了。奥地利人是后者，主张良性竞争。

奥地利社会安定，重大刑事案件极少发生，罢工游行也不多。女性夜间出行并无多大危险。城乡居室和院落，很多没有围墙，很少有那么多防盗门、防盗窗。有人戏言，如果说一个没有城乡差别、工农差别和脑力劳动与体力劳动差别这"三大差别"的社会是全人类所向往的理想社会的话，那么奥地利已经基本实现了这一目标。据统计，奥地利是世界上罢工最少的国家。可惜，近几年随着苏东地区巨变，大量外来移民涌入，再加上经济形势欠佳，奥地利的社会治安也大不如前了。

七、耐人寻味的中立地位

奥地利地处欧洲中枢，是一个很小的国家。北部与德国接壤，西面是瑞士和列支敦士登，南部与意大利相邻，东南方与斯洛文尼亚衔接，东部的邻国有匈牙利、斯洛伐克和捷克。其战略地位非常重要，历来为兵家必争之地。冷战时期，奥地利处于东西两大集团对峙的前沿，其地缘政治的优势也显而易见。

二战接近尾声，即1945年3月末，奥地利开始解放了。苏联军队从东面，美国军队从西面，英国军队从南面越过了边界，维也纳的绝大部分处于战火中。1945年4月13日，苏联红军占领维也纳。如同被战败的德国一样，4个占领国，即美、英、法和苏联也将奥地利和首都维也纳分别划成4个占领区。维也纳内城为国际区。1951年的瑞士电影《吉普车上的四个人》讲述的就是同盟国4个士兵之间矛盾冲突的故事，反映了战后盟国分区占领维也纳的状况。可是，四国战后对德国和奥地利的解决方案截然不同。德国的四个占领区最后演变成两个分别依附于北约和华约的独立国家,即联邦德国和民主德国。而奥地利最终却恢复了主权,但成为一个中立国。经过各方激烈地讨价还价,1955年5月15日,四大国与奥地利代表在维也纳的百乐宫签署"国家条约"。同年10月26日(国庆节)最后一名外国士兵撤离奥地利后的第一天,国民议会通过永久中立的宪法——这是苏联人提出的要求,作为同意签署国家条约的条件。

人们不难看出,这一结果是当时双方力量对比的真实反映。我个人认为,就斯大林领导下的苏联来讲,它何尝不希望将奥地利拉进社会主义阵营,或者对奥地利也来一个德国式解决办法,将它在奥地利的占领区并入自己的势力范围,可是它却难以达到这一目标。于是它便退而求其次,以承认奥地利的主权换取奥地利的中立,从而为自己争取到了一块重要的缓冲地带。事实表明,直至苏东集团形势发生巨变之前,中立的奥地利对苏东集团在政治、军事、经济等方面所具有的重要意义是难以估量的。另一方面,奥地利也从中立国地位中捞到了不少实惠。

五任中国驻奥大使拜访老朋友迈尔夫妇

八、"国母"玛丽亚·特蕾西亚女皇

在整个奥地利,无论走到哪里,无论什么时候,人们总会听到一个女人的名字,看到她的画像。因为她是全体奥地利人民的骄傲,在他们心目中,她是神圣不可侵犯的"国母"。这个女人就是特蕾西亚女皇。

特蕾西亚女皇全名叫玛丽亚·特蕾西亚。她从1740年到1780年执政,是世界史上伟大的女性之一。众所周知,哈布斯堡王朝统治时期推行明智的外交政策,加之以深思熟虑的政治联姻,使自己的版图迅速地扩张起来。当时流行的一句话正好说明哈布斯堡王朝的用心:"啊!幸福的奥地利,咱们结婚吧!"可是,由于卡尔六世膝下无子,哈布斯堡王族的父系灭绝,只能开创王朝的先例,让自己的爱女加冕。

为了避免周边的公国和选帝侯们造反,卡尔六世在生前做了慷慨的施舍。于是乎,在1740年,年仅23岁的玛丽亚·特蕾西亚便成了哈布斯堡德意志神圣罗马帝国的女皇,同时也当上了匈牙利的女王。然而卡尔六世尸骨未寒,巴伐利亚、法国和普鲁士的贵族们就开始反目。玛丽亚·特蕾西亚这位"国母"以坚韧不拔的勇气和通情达理的政策挽救了这一危机四伏的帝国。她虽然在7年的西里

玛利亚·特蕾西亚女皇

西亚战争中未能击败宿敌普鲁士国王腓特烈,但却从未违背过自己的格言:"宁要中庸的和平,也不要辉煌的战争!"

玛丽亚·特蕾西亚于1736年与弗兰茨·斯特凡·封·罗特林结婚,从此建立了哈布斯堡—罗特林王室。她养育了16个子女,但从未因此中辍她的治国大业。在国内,她推行了一系列改革国家机构措施,结束了原来的多国封建集合体状态,创造了一个统一管理的公务员制的国家;改革财政金融,根据当时的重商主义发展工业和贸易;司法与行政分开,废除酷刑和其他的严酷刑罚;对学校教育进行根本的改革,设立基础小学,取消教会对大学的控制,把大学列为国家教育机构,等等。玛丽亚·特蕾西亚的40年执政,为奥地利写下了辉煌的一页。

1780年,她的长子约瑟夫二世登基。他所取得的成就虽然不及母后,但是有两项措施当时是有深远意义的并且是持久的:取消农奴制度,实现了宗教信仰平等。时至今日,维也纳仍然流传着这样一个怀念约瑟夫二世的笑话。当约瑟夫二世把贵族狩猎的普拉特森林开放给普通百姓的时候,一些贵族愤愤不平,其中一个侯爵对皇帝说:"陛下,

玛利亚·特蕾西亚女皇塑像

如果今后贱民都能到只有贵族才能来的地方,那我们这些人应该到哪里去呢?"约瑟夫二世笑着说:"如果只能是同等贵族才能聚在一起,看来我真要到皇家墓地里去散步了!"

玛丽亚·特蕾西亚女皇母子开创了奥地利历史上的又一个强国盛世。当时,从格鲁克、海顿和莫扎特开始,古典音乐在奥地利发展起来。

九、绝代佳人西西公主

凡是欣赏过电影《西西公主》的朋友,无不为这位年轻、漂亮、活泼、可爱的奥地利女王的幸福童年以及嫁入皇宫之后的曲折而悲惨的遭遇所感动,也为世界级女影星罗密·施耐德的精彩表演所折服。

西西公主本名伊丽莎白,1837 年 12 月 24 日(圣诞之夜)出生在巴伐利亚的首府慕尼黑,是家里的第二个千金,小名"西西"。她与奥地利皇帝弗兰茨·约瑟夫一世原是表兄妹,即他们的母亲是亲姊妹。父亲马克斯·约瑟夫是维特斯巴赫家族的世袭公爵。幼年时,她随父母迁至施塔恩贝格湖畔的波森霍芬小镇。这里湖光山色,森林茂密,绿草茵茵,西西陶醉其中,度过了她多彩的少年时代,也养成了热爱自由、无拘无束的性格。

日月荏苒,16 岁的西西已出落得亭亭玉立。1853 年 8 月,西西的姐姐海伦娜准备随母亲去奥地利的巴德·伊舍尔与年仅 23 岁的表兄弗兰茨·约瑟夫皇帝定亲。就在她们启程前夕,一个亲戚突然去世了。母亲带着海伦娜和西西参加完葬礼,匆匆赶赴巴德·伊舍尔。在姐姐更换丧服,重新梳妆的间隙,母亲安排西西先来觐见早已在大厅等候的皇帝表兄。然而,造化弄人,历史在瞬间定格并铸成永恒。等姐姐盛装来见时,皇帝已被天真烂漫、美若天仙的西西所吸引,并声称非她不娶。次年,他们在维也纳举行了盛大的婚礼,一时万人空巷,一个崇尚自然、野性十足的小姑娘转瞬间成为母仪天下的王后。

性格与角色的差异使西西踏入深宫伊始就陷入了一场秘而不宣的婆媳之争中。皇太后索菲虽然和西西来自同一家族,但却无法容忍她的言行,还把她视为对自己权力的威胁。西西婚后生育2女1男,但索菲强行将孙儿孙女收养,剥夺了年轻母亲教育子女的权利。很长一段时间,儿子视生母如同路人。令西西无法容忍的是,在这场婆媳之争中,丈夫约瑟夫夹在中间,唯唯诺诺,长期的压抑发展成了抑郁症。皇太子鲁道夫对与比利时公主政治联姻不满,而与自己的情人在维也纳附近的麦野岭殉情自杀,更对她构成了致命一击。从此,她再也不想生活在带给她无限心酸的皇宫,轻装简从,以养病为名,离开维也纳游历欧洲。

游历生活使西西摆脱了众多宫女的俯首帖耳和前呼后拥,摆脱了无休止的宫廷礼仪,寻觅到了完美的自我和曾经失去的自在。漫游中,她最钟情匈牙利,匈牙利的自然风光抚慰着她受伤的心灵,匈牙利人民争取自由的斗争也和她追求自由的性格相吻合。也正因为这一点,她深受匈牙利人民的爱戴,直到生命的尽头。

西西公主

1898年9月10日下午,一位雍容华贵的夫人出现在瑞士的日内瓦街头。谁也想不到,她就是奥地利王后伊丽莎白。虽然年届花甲,但风韵不减当年。在女伴的陪同下,西西来到勃朗峰码头,准备登船。突然,一名年轻男子猛然冲上前来,一拳击中西西的胸部,她躲闪不及,仰面倒在了地上。混乱之中,凶手夺路而逃。医护人员赶来抢救时,发现西西胸部有被利器扎过的痕迹,并有血滴渗出。一切抢救都为时已晚。当年那位天真烂漫的巴伐利亚公主就这样带着几多哀怨客死异乡。对伊丽莎白行刺的凶手名叫鲁切尼，是一名意大利无政府主义者，以谋杀权贵而出名是他酝酿多年的计划。西西公主不幸成了他的牺牲品。西西的爱女玛丽·瓦勒丽曾这样形容妈妈："母亲的一生是奇特的，她的思想停留在过去，却把希望寄托在未来，而她的现在则充满了不真实的幻影。"

约瑟夫一世深爱着西西公主。因此在西西公主惨遭飞来横祸之后，他内心十分悲痛，终日愁眉苦脸。在西西公主去世后的第18年，即1916年11月，18岁登基的约瑟夫一世终于结束了68年的统治，孤独地死去，终年86岁。

奥地利人对西西公主的怀念却经久不衰。西西公主的纪念馆比比皆是。不管在大城市维也纳、萨尔茨堡、林茨或是在小村镇巴德·伊舍尔、哈尔斯塔特，只要你到出售明信片的地方转一圈，便会发现有不少西西公主的肖像画。在奥地利，你还可以到处目睹西西公主的纪

电影中西西公主夫妇

念地。在维也纳的人民公园里就醒目地矗立着西西公主的纪念座碑。在西西公主与约瑟夫一世生活过的美泉宫至今仍然悬挂着一幅如真人大小的画像。在维也纳的卡伦堡山上有一处西西公主的纪念地,石椅上深黑底色的浮雕格外引人注目。

十、世界顶级的国家歌剧院舞会

在维也纳,每年都有一个舞会季节,它属于这一地区的狂欢节。狂欢节是一个历时很长的传统活动,各个地区有不同的活动方式和内容。在维也纳及其周边地区,人们就是用各种规模、形式大大小小的舞会来装扮和度过狂欢节的。维也纳的舞会季节直到第二年的圣灰节星期三(通常在3月初)。在这期间,维也纳市及其周边地区数得上来够一定规模的舞会在300场以上。这些舞会的共同之处是:布置豪华、男女服饰讲究、饮食丰富、节目多样,当然最主要的是施特劳斯音乐和华尔兹舞曲。舞会时间很长,多数延续到凌晨三四点钟。

这300多场舞会分别是由不同社会阶层、团体举办而成的,诸如"交响乐团舞会"、"音乐之友舞会"、"药剂师舞会"、"医生舞会"、"军官舞会"、"律师舞会"、"商会舞会"、"教师舞会"、"咖啡业主舞会"、"化妆品商舞会"、"理发师舞会"、"掏烟囱工人舞会",等等,五花八门,目不暇接。而在这300场舞会当中,由国家歌剧院举办的"歌剧院舞会"是规模最大、声势最强、规格最高、费用最贵、影响最广的舞会,是舞会季节的最高潮。因此,它对出席人员的要求也最高。据了解,"歌剧院舞会"的一张门票从站票到包厢的价格从150欧元(约合人民币1200元)至15万欧元不等。女士必须着长裙配首饰,男士必须穿大燕尾服。

每年的"国家歌剧院舞会"都是维也纳市的一件大事。坐落在环城马路边的国家歌剧院本来就巍峨雄壮,这时更是灯火通明,富丽堂皇。道路封闭，交警林立。珠光宝气的男男女女，成双成对，在酒足饭饱之后，或乘车，或徒步，大约在晚上9时之前，纷纷涌进歌剧院。剧院之内，更是人头攒动，人声鼎沸，热浪袭人，灯红酒绿。男士绅士风度，女士争奇斗艳。平时供人观看歌剧或芭蕾舞的2000个座位早被统统撤掉，地面上代替地毯的是光洁的地板。舞台被数万株鲜花装扮得分外夺目。数个乐队准备就绪，它们将在整个舞会过程中轮番演奏。据说每次舞会参加者近万人，其中不乏各国政要和社会名流。

"歌剧院舞会"的主要看点之一是开幕式。晚上9点整，奥地利国歌奏响，全体起立，总统及全体政府成员、外国贵宾等依次入场就位。接下来，随着悠扬的音乐，一个个由头戴金冠、身着白裙的少女和身着燕尾服的少男携手组成的方阵缓缓进入大厅，总共有上千人之多。女生手握一把鲜花，男生手戴白手套，跳起宫廷里的传统社交舞，庄重、大气、充满青春活力，令全场客人大饱眼福。这些少男少女都是从全国各地数千名报名者中挑选出来的，经过长达半年的严格训练。他们需要自己承担高额的培训费用，自备演出服装。序幕之后，便是

维也纳国家歌剧院舞会入场式

维也纳国家歌剧院

名歌唱家、名舞蹈家的精彩表演。开幕式结束,一曲施特劳斯圆舞曲,宣布舞会正式开始。

  维也纳"国家歌剧院舞会"创办于 1935 年 1 月 26 日,参加人数达 4000 人。举办动机是救济灾民,全部收入用来赈灾。舞会特别强调祖国和民族特征。与会者都穿农民的服装,粗布粗料粗加工。从此,舞会活动作为传统便保留了下来,但却失去了原来的特色。1952 年,奥地利政府根据旧皇朝的律条正式批准了"歌剧院舞会"的存在。但是,从 1986 年开始,每年都有人举行游行示威,反对举办舞会,有时甚至发生流血冲突。然而,舞会却一年一年地举办着,示威的人却一年一年地变得少了起来。

附录二

已发表的有关文章和报告

一、中奥友好合作关系史上新的里程碑
（人民日报海外版 2011 年 10 月）

金秋十月，欧亚大陆处处满山红遍，丛林尽染，硕果累累，万里飘香。在中国和奥地利人民喜庆两国建立外交关系 40 周年之际，胡锦涛主席今年首次出访欧洲，选中友好的奥地利作为目的国，无疑为这一喜庆之年增添了特殊重大意义和内涵。人们完全有理由相信，此访必将进一步有力推动中奥友好合作关系的全面大发展，成为中奥友好合作关系史上新的里程碑。同时，此访也是胡主席出席 20 国集团首脑峰会的第一站。在欧债危机形势严峻，欧洲自身解决乏力，翘首期待中国继续伸出援手的关键时刻，胡主席访奥也受到了欧洲乃至世界的瞩目。

奥地利地处中欧，面积仅为 8 万多平方公里，人口 800 多万，但历史悠久，显赫一时的哈布斯堡王朝曾经统治欧洲长达数个世纪；经济高度发达，三产比例先进（农业占 3% 左右，工业占百分二十几，服务业占 70% 多），人均国民生产总值在世界上名列前茅；政局长期保持稳定，社会福利体系健全，人民安居乐业；阿尔卑斯山脉横贯全境，环境优美，山清水秀，是著名的音乐之乡，文化大国，旅游大国，涌现出数位世界级音乐大师，拥有天籁之音的童声合唱团，会跳华尔兹的西班牙骑术学校，欧洲瓷都之一奥园……被评为世界上最为适于人类居住的国家之一；业已加入欧盟，是欧元区核心成员国，与周边国家保持有传统友好关系，积极参与国际事务，并发挥着积极而特殊的作用。其首都维也纳是世界上唯一一个集联合国机构、欧安组织、石油输出国组织等驻地为一身的城市，一个当之无愧的国际城市。在此次欧债危机席卷欧洲的困难时刻，奥地利凭借其强大的经济实力、灵活机动的结构与应对措施，以及与各国的全方位友好关系，尚能洁身自好，所受冲击有限，颇受许多国家所羡慕。

中奥关系源远流长。两国人员和贸易往来始于公元十几世纪。二战期间，曾有中国外交官设法帮助奥地利犹太人逃离纳粹魔掌，亡命上海，其中有一位罗生特大夫，后来参加了新四军，同中国人民并肩抗击日本侵略者，与中国人民结下了血肉情谊。早在1964年，中奥就互设了贸易代表处，从而为两国建交打下了良好基础。1971年建交以来的40年间，在双方的共同努力下，中奥友好合作关系得到了长足发展，堪称不同社会制度和不同大小国家合作的典范。首先，两国高层互访频繁，政治互信不断加深。例如，奥地利现任总统海因茨·菲舍尔先生曾数度访华，成为中国人民的老朋友，与中国领导人也建立了深厚的个人情谊。两国高层领导人的互访，对推动双边关系的发展起着不可替代的特殊重要作用。其次，经贸关系持续快速增长。去年贸易额约达61亿美元，中国已超过美国，成为奥地利在欧洲以外的最大贸易伙伴。奥方已有1000多家企业落户中国，中国人使用的手机中几乎都安装有奥企在华生产的芯片。与此相比，中国企业在奥投资，不管数量还是规模，均尚有巨大潜力可挖。第三，两国在文化和其他方面的交流日趋活跃和扩大。中国和奥地利都是文化大国、教育大国、旅游大国，奥地利是音乐之乡，中国是文明古国，双方有各自优势，互相吸引，人员往来也日益增多，对加深相互理解和友谊做出了重要贡献。值得指出的是，我们中国人对国外的了解，包括对奥地利的了解，远远多于外国对中国的了解。第四，两国外交部之间的磋商机制运转良好。

两国建交以来，特别是近些年来，中奥友好合作关系之所以发展如此迅速和顺利，主要原因在于：第一，双方十分重视。中国政府非常重视对奥关系，菲舍尔总统也经常表示，奥地利议会中有四五个党派，它们虽然对于国内问题分歧严重，但在发展对华关系方面意见却完全一致。第二，相互尊重。中国从来没有因为奥地利是小国而加以歧视，奥方则始终坚持一个中国的立场，承认台湾和西藏是中国领土不可分割的组成部分。这是两国发展友好合作关系最重要的政治基础。第三，双方没有根本的利害冲突。中奥两国相距遥远，没有根本的利害冲突，发展友好合作关系是双赢，既有利于两国和两国人民，也有利于中欧关系的发展。第四，两国互补性很强。奥方看重中国作为联合国安理会常任理事国的大国地位和日益增长的影响，赞赏中国改革开放以来所取得的巨大成就，希望在中国市场上占有一席之地。中国则需要奥方在领土主权等问题上的政治支持，争取其资金和技术进入中国市场。第五，两国历史悠久，文化底蕴丰厚，人民热爱和平，反对战争和强权，积极支持两国友好相处。我们曾在奥地利生活和工作多年，对此深有体会，深表感谢。

胡锦涛主席此次访问奥地利，其里程碑意义在于总结过去，规划未来。在双方的共同努力下，中奥友好合作关系在过去的40年里已经取得了显著发展。如何在新的形势下，新的基础上，使中奥双边关系百尺竿头更进一步，确实需要认真思考和规划。我个人认为，要达到以上目的，主要是应在广度和深度上下功夫。例如，首先，两国高层往来的机制应继续维持和加强，其他领域似也可以逐渐建立一些对话渠道；第二，两国经贸技术合作还有很大潜力。虽然奥地利是小国，市场有限，但中国市场广阔，需求量巨大，同时双方也可以考虑在第三市场开展合作。双方是否可以争取在若干年内贸易额翻一番；第三，奥地利在环保、水处理、可再生能源、循环经济等领域技术领先，值得学习；第四，中国企业胆子似乎可再大一些，利用奥地利的有利地缘优势，增加在奥地利以及中东欧的投资；第五，进一步扩大人文合作与交流。在这方面，欧盟，包括奥地利，应摈弃传统思维，尽快逐步取消限制措施；第六，进一步增进相互了解和理解。建议中方加强对奥地利的全面研究。麻雀虽小五脏俱全，奥地利虽是小国，但却在产业机构、社会和城市管理、保险体系等领域值得学习借鉴。

中奥关系是中欧关系的组成部分。在当前欧债危机笼罩整个欧洲的困难时刻，作为战略伙伴，中国人民虽然也遭受了重大损失，但仍对欧洲人民表示同情并给予力所能及的帮助。患难见真情。中国人民永远和欧洲人民站在一起。

奥地利，奥国地利之谓也。在天时、地利、人和俱备的大势之下，我们衷心祝愿胡主席访奥取得圆满成功。

二、中奥关系的现状与展望

（北京外国语大学《德语国家资讯与研究》2014年）

中国与奥地利于1971年5月28日正式建立外交关系，为两国关系的发展开辟了广阔前景。在过去的42年里，在双方的共同努力下，中奥关系在各个领域都得到了长足发展，这是主流；但是，毋庸讳言，在这期间，由于两国历史文化背景各异、社会制度和意识形态不同、经济发展水平存在差距，中奥双方对一些涉及中国领土、主权等核心利益问题的看法也不尽相同，双边关系有时不可避免地受到干扰和伤害，这是支流。我本人在奥地利任职共计11年，其中担任中国驻奥大使近8年（2000—2007）。我愿意结合自己的工作实际对中奥关系的现状与发展谈谈自己的一些粗浅体会，以供参考。

（一）两国关系在各个领域均取得长足发展

1. 中国和奥地利国家领导人互访频繁。基希施莱格总统1974年作为外长访华，开始了中奥关系的破冰之旅，1985年又以总统身份访华。瓦尔德海姆总统对华态度友好，在担任联合国秘书长期间，曾破例指示联合国机构为周恩来总理逝世降半旗致哀。克莱斯蒂尔总统生前两次来访，与中国领导人结下了深厚友谊。现任总统菲舍尔是中国人民的老朋友，此前曾以各种名义来访，2010年终以总统身份访华。中国国家主席江泽民和胡锦涛先后于1999年和2011年访问奥地利，受到超规格的欢迎和接待，谱写了双边友好合作关系的新篇章。两国总理和部长级别的互访已成常态，数不胜数。议会领导人交往频繁。这些高级别的访问为双边关系的发展起到了政治保障和里程碑式的作用。

2. 两国民间交往日益密切。两国民间来往始于十几世纪。二战期间曾有中国领事何凤山冒险协助奥地利犹太人逃离纳粹魔爪，也有犹太医生罗生特毅然参加新四军与中国人民共同抗击日本侵略者。自1983年以来，双方已结成18对友好省州或城市（区）关系；2000年签署两国政府旅游合作协定，4年后奥地利成为中国公民出境旅游目的国。2012年，中国内地公民出境首站赴奥地利旅游人数已达35.5万人次，奥地利来华旅游人数为6.61万人次。1973年起，两国开始交换留学人员，目前中国在奥各种留学人员估计已近几千人。两国民间的密切交往增进了相互的友谊和理解，为两国关系的发展奠定了坚实的群众基础。

3. 双边经贸关系方兴未艾。中奥经贸关系的建立领先于外交关系。1964年，两国就签订了关于互设商务代表处的换文，从此双边经贸关系不断扩大，贸易额成倍增长。尽管近几年西方爆发金融危机，但根据中方统计，2012年两国贸易额达67.6亿美元，同比下降3.3%，其中我国出口20.4亿美元，下降8.4%，进口47.2亿美元，下降0.9%。中国已成为欧洲以外奥地利最大的贸易伙伴。截止到2012年底，我国共批准奥投资项目1027个，实际投入金额13.03亿美元；我国与奥地利签订技术引进合同1606个，累计合同金额45.4亿美元。改革开放以来，中国企业陆续进入奥地利，国航、华为等获得赞誉，浙江卧龙集团于2011年投资1亿欧元收购奥地利电机生产商ATB公司97.94%的股权。2004年，两国科技部签署了关于在维也纳建立"中奥科技园"的谅解备忘录。中国主要出口商品有机电产品、纺织品、服装、粮油食品、畜产品、工艺品和有色金属等；进口商品有技术设备、机械、五矿产品、化工和轻工产品等。双方在水电、铁路、冶金、机械制造、环保、公路建设、特种车辆制造等领域开展了多种多样的合作。两国经贸关系的不断扩大形成了双边关系稳固的物质基础。

4. 科教文体和军事等领域交流异常活跃。双方在各个领域均签署有交流合作协定，其中包括2004年两国政府签署的《关于相互承认高等教育等值的协定》。文艺团体、画展和各种展览交流频繁，增进了相互了解和友谊。2006年，我国在奥地利成功举办了"中国西藏文化周"；"孔子学院"在维也纳和格拉茨建立。2003年初，正值"SARS"

肆虐中国，我国破例向维也纳美泉宫动物园提供一对大熊猫，进行合作研究，成为奥地利和周边国家群众争相参观的"明星"。这是中奥两国友谊的又一段佳话。上述领域的合作与交流，形成了两国友好合作关系的人文基础。

5. 随着中国经济实力的增强和对国际事务影响力的提高，中奥也加强了多边领域的合作。两国外交部建立了磋商机制，双方在联合国等国际机构中的沟通与协商进展顺利。

（二）两国关系不时受到干扰和负面影响

奥地利虽然号称"中立国家"，但就社会制度和意识形态而言，它仍属西方阵营，是一个典型的资本主义国家。再加上历史文化背景不同，经济发展水平存在差距，双方在一些涉及我国核心利益问题上仍然存在着严重对立和分歧。而这些对立和分歧不时地对双边友好合作关系产生干扰和负面影响。具体来说，这些对立和分歧主要集中在台湾、西藏、人权、法轮功等问题，其中西藏问题在中奥关系中尤为突出。例如进入 21 世纪，2007 年 9 月古森鲍尔总理会见达赖；2012 年 5 月，法伊曼总理、施平德勒格副总理兼外长不顾中方多次严重交涉，执意分别会见达赖，对双边关系均产生了较长时期的消极影响。经过中方斗争和做工作，最终于 2013 年 9 月以奥方重申，奥重视发展对华友好合作关系，坚持一个中国原则，承认台湾和西藏是中国领土的一部分；奥方不支持任何主张西藏独立、有损中国领土完整的分裂行为，而宣告双方最近的一次"冷战"告一段落。

当然，上述 4 个问题，并非是中奥关系特有的问题，而是中国同西方几乎所有国家关系中存在的问题，只是表现各不相同。据我所知，西方是在 1989 年政治风波之后，才祭起西藏问题等破旗，试图向中国政府施压的。由于维也纳与台北有直航班机，台湾政要经常过境，就存在一个台湾问题；由于达赖当年的英文老师哈勒（已于几年前去世）是奥地利人，而达赖经常以看望老师为名，窜访奥地利，甚至试图将哈勒所在地营造成"藏独中心"，就使中奥关系中的"西藏问题"

突出出来了。至于法轮功问题，其在奥地利成员有限，影响不大，可以不去理会，任其自生自灭。

（三）浅析中奥"间歇性"友好关系的原因

如上所述，中奥建交40多年来，经过双方的共同努力，双边的友好合作关系在各个领域均取得了显著进步，并且存在着极大潜力。这是主流。另一方面，这种友好合作关系不时受到干扰和负面影响。这是支流。中奥关系呈现波浪形发展，螺旋式上升的态势，是由于双方之间既存在许多共同点，互有需要；又存在若干分歧所致。具体说来，主要有如下几点：

1. 共同点

——双方均主张世界多极化，反对单边主义和霸权主义。

——奥方看重中国作为安理会常任理事国，对世界事务发挥着越来越大的影响。

——中方重视奥地利作为欧盟成员国，但奉行中立政策，在世界上发挥着独特作用。

——中国是发展中大国，市场广阔，潜力巨大，改革开放取得显著成就，需要资金技术；奥地利是一个高度发达工业国，但国家小，人口少，需要对外开拓市场。双方经济上互补性很强。

——中国是一个文明古国，奥地利是闻名遐迩的音乐之乡，在欧洲历史上曾经发挥过重要作用，双方可以互相借鉴和学习。

——两国历史上有着许多可歌可泣的友好篇章。例如，二战期间，中国外交官曾经冒死帮助许多奥地利犹太人逃亡上海；以罗生特为代表的不少奥地利人毅然加入新四军，与中国人民并肩抗击日本侵略者；既有20世纪前期瓦格娜女士对中国年轻警官坚贞不渝的爱情，也有现代作为香港船王包玉刚女婿的苏海文博士为发展两国友好合作关系奔走呼号的身影……中方应奥地利政府恳求同意提供大熊猫进行共同研究，奥方随即表示支持上海申办世博会，更为这友好篇章增添了新的一页。

2. 不同点

——两国社会制度和意识形态不同，历史和文化背景各异，经济发展水平存在差距。

——奥地利自诩"人权大国"，始终将人权作为其外交政策的主要支柱之一，对别国内政说三道四。

——奥地利是个山地国家，民风敦厚淳朴，易受舆论影响；对于同样处于高原的西藏，存在着天然的认同感；毗邻藏人在欧洲比较集中的瑞士城市苏黎世，"藏独"在奥有一定影响；再加上达赖的英文老师是奥地利人，达赖经常以看望老师为名造访奥地利，奥政要出于种种需要会见达赖，致使西藏问题不时爆发。

——冷战时期，奥地利处于东西方对峙前沿，奉行所谓"中立政策"，左右逢源，曾是东西方争取的对象，逐渐养成了一种"优越感"和"投机性"。

——中国奉行改革开放政策，取得显著成就，在世界上的影响日益扩大，成为许多国家眼中的"全球化"最大赢家之一，引起包括奥地利在内的一些欧洲国家和人民的误解和担忧。

（四）对中奥双边关系的展望及几点建议

鉴于中奥之间存在的共同点和分歧点将长期存在，且共同点大于分歧点，估计两国友好合作关系将长期呈现这种"间歇性"状态，波浪式发展，螺旋式上升。我们应实事求是，客观而积极面对：对于发展双边关系继续采取积极合作态度，开拓进取；遇到问题该做工作时做工作，该斗争时进行斗争，斗争"有理、有利、有节"，以斗争求团结，以期逐渐缩小摩擦面。具体说来：

——对发展双边关系始终保持清醒头脑，保持平常心，关系顺利时要想到波折，遇到波折时要想到发展关系，这样才能做到遇事不慌，心中有数；

——充分利用高层交往，不断向奥方领导人阐明我国核心利益，特别是我国对西藏和达赖问题的原则立场，并指出该问题的严重后果，以引起对方的足够重视；

——积极发展经贸关系，以期达到以经促政。一是逐渐扩大贸易额，二是争取增加我国企业在奥的投资规模。经济是基础。只有双方经济关系对奥地利国计民生具有一定影响力，奥方才可能更加看重和珍视双边关系；

——功夫下在平时。我记得有位中央领导曾说过，奥方对西藏地位问题不持异议，双方只是对达赖本人存在不同看法，我们认为达赖是披着"宗教外衣"的分裂主义分子，奥方辩称他是"精神领袖"、诺贝尔和平奖获得者，这个问题值得研究。我认为应广交朋友，同时加强对民众和媒体的工作，不断揭露达赖的真实面目。建议多派一些西藏地区各类代表团出访，以现身说法做工作。记得奥绿党一名领导人在听取我国西藏代表团介绍情况后表示，以前都是听达赖单方面宣传，百分百信以为真，现在有你们的介绍，我只能各信一半。可见事实胜于雄辩，我们还有做工作的空间。

三、对奥地利经济特色的看法
（北京外国语大学《德语国家资讯与研究》2014年）

中国百姓对奥地利的第一印象可能就是，奥地利是闻名遐迩的"音乐之乡"，是风景优美的"人间天堂"。这些印象无疑都是正确的。但是，也许很多人不知道，奥地利却还是一个高度发达的工业国。奥地利地处欧洲中部，是欧盟成员国之一，面积83879平方公里，人口844万，首都维也纳人口约173万，下设9个州。它环境优美，有着深厚的历史文化底蕴，不仅孕育了诸如海顿、莫扎特、舒伯特、施特劳斯等伟大的音乐大师，更有多位奥籍科学家获得诺贝尔奖。奥地利经济发达，人均国内生产总值位居欧盟成员国前列，失业率亦为欧盟最低。奥地利经济在世界经济不甚景气的大环境下运行平稳，表现出了较强的国际竞争能力和抗风险能力。奥地利坚持可持续发展理念，大力发展可再生能源和环保技术，其绿色产业尤其引人注目。奥地利被称为"欧洲的心脏"，是中东欧交往的重要枢纽和桥梁，拥有现代化的电信和交通基础设施，是中东欧地区货物与资讯流通的重要枢纽。奥地利企业具有与中东欧国家企业开展商业合作的成熟经验。

（一）奥地利经济的历史沿革

众所周知，奥地利在其近代历史上经历了两次重大的领土变迁，一次是19世纪作为普奥战争的结果，德意志民族神圣罗马帝国解体，使当年疆域浩大的帝国一下子缩小为奥地利本土和中欧部分国家结盟的奥匈帝国；一次是第一次世界大战结束后，中东欧民族国家纷纷宣布独立，奥匈帝国解体，奥地利回归到如今袖珍国家的模样。随着疆土的急剧缩小，原来的经济命脉被切断，需要经过长期努力，花大力气建立起新的体系。

奥地利在二战后迅速从欧洲地区的一个落伍者转变成为领先者。按照人均国民生产总值计算，2012年奥地利仅次于卢森堡和荷兰，已位居欧盟前三位，在全球排名第11位，达33283欧元，也因此成为欧盟乃至全球最富有的国家之一（卢森堡69166，荷兰33448，爱尔兰33220，瑞典32776，丹麦32301，德国31318，比利时30294，芬兰29509，英国27873，欧盟27国平均25676，欧元区17国平均27633，美国38143，日本27419，瑞士40180）。

2008—2009年全球爆发经济危机，接着欧洲与欧元区发生债务危机。但奥地利仍然呈现出相对稳定的经济增长，高于其欧盟伙伴，2010年增长2.1%，2011年增长2.7%，2012年预期可达0.6%—0.7%。奥地利也因此在国际竞争中，使自己成为欧洲具有竞争力和吸引力的经济区域，成为一个违约风险极低而信誉度极高的国家，2012年获得了三个债务评级机构中两个机构给予的最好的债务评级（AAA级）。

奥地利处于中心的地理位置及拥有良好的基础设施，这些条件为企业开展业务提供了极大的优势。大约300家国际企业选择奥地利作为其欧洲主要分部的所在地，或者将其欧洲的生产地点安置于此，这其中包括28家"财富500强"企业。

（二）奥地利经济的特点

1. 因地制宜，建立符合本国国情的经济体系。奥地利是一个山地国家，矿产资源比较匮乏，旅游资源十分丰富。为此，该国建立了一个以第三产业为主的经济体系。奥地利的经济产业主要由服务业和高度发达的工业构成。2011年，在新增产值中，虽然服务业（贸易，商业服务，金融服务及其他服务）比例高达69.4%，所占据的份额最大，而第二产业（制造业和建筑业）仅占29.1%，但其重要性却不容忽视。主要工业部门有金属制造和加工业，机械制造业，化学工业和汽车工业及汽车零配件加工业。在电子工业方面，奥地利量身定制的电子产品在国际上享有极高的声誉。农林业仅占1.5%。

2. 奥地利的一张"国家名片"——旅游业。奥地利的旅游资源得天独厚，西有横贯多半国土的阿尔卑斯山，东有举世闻名的多瑙河，自然风景优美迷人——水源纯净，空气清新，土壤洁净。据联合国统计。奥地利是最适于人类居住的地方。再加上深厚的历史底蕴，音乐氛围，吸引着全世界追逐旅游梦想的人们。2011年和2012年间，世界各地赴奥旅游人数高达3616万多人次，过夜人数则达到1.3亿多人次。其中，约2/3的游客来自国外，1/3是本国游客。旅游业对GDP的贡献率约为8%。奥地利国家旅游局是国家级的旅游经销组织。该组织是一个协会，其成员为奥地利经济部（75%）和奥地利商会（25%）。协会会长一直由经济部长担任，旅游局全部工作人员约为230人。

3. 中小企业为主。中小企业是奥地利企业的中坚力量，并直接影响到奥地利的经济结构。超过 99% 的奥地利企业为中小型企业（约 41 万），雇用了近三分之二的从业人员，而其中员工数量超过 250 人的企业仅有约 1090 家，员工数量超过 1000 人的企业仅有约 180 家。民众的总体创业意识非常强烈，尽管创业市场在危机后暂时恶化，但建立企业的长期趋势仍在上升。预计 2012 年全年约新成立公司 3.45 万个，主要分布在商业服务，贸易，企业咨询和 IT 行业。

4. 工业门类不求全，但求精。奥地利经济部门并不齐全，许多工业领域都没有，也没有大的跨国公司。但它善于利用自己的优势，把自己的优势做大做强。例如钢铁工业，二战期间，纳粹德国曾经利用林茨钢铁厂制造枪炮，该厂技术力量雄厚，于是战后便组成了奥钢联，重点发展冶金业。机器制造业也是奥地利的长项，它生产的汽车发动机和零部件装在了德国制造的汽车上，低水头发电机组和旅游缆车出口到包括中国在内的世界各地。

5. 以创新求发展。奥地利人深深懂得，在当今激烈竞争的世界，只有创新才能生存。众所周知，奥地利首创了氧气顶吹炼钢技术和熔融还原炼钢法，奥钢联能生产 100 多米长的钢轨。奥地利低水头发电机组很有特点，其涡轮机组是卧式的，只要水源有落差就可以发电。施华洛世奇水晶玻璃，是在捷克波希米亚水晶玻璃的基础上发展而来的，只不过配方更加科学，切割更加准确精细。

为了满足环境和人口方面的挑战，适应全球化的竞争，自 2011 年以来，奥地利政府以科研、技术和创新为战略目标，力争到 2020 年将奥地利建设成为欧盟科技先锋，以期实现高品质的就业，持续的经济和就业增长。到 2020 年，研究和开发的份额将增加至奥地利国内生产总值的 3.76%，高于欧盟平均水平的 2.81%。目前科研和开发的支出达 89.6 亿欧元，约占国内生产总值的 2.8%，其中大约 39.3 亿欧元来自于奥地利企业，占 43.9%。为了更好地开展国际合作，奥地利驻华使馆于 2012 年成立了科技处。

6. 绿色环保产业是奥地利的长项。很长时间以来，奥地利就从理念、政策措施、人员素质等诸方面重视可持续发展战略，且取得了显著的成效。例如较早提出了"生态社会市场经济""绿色经济"和"循环经济"等理念；奖励退耕还林还草，惩罚乱砍滥伐；鼓励利用可再生能源，治理污染，大力推广环保技术，等等。奥地利在欧盟国家中，乃至在全世界都是可再生能源利用的先行者，近67%的电力及近30%的国内能源总消耗均来源于可再生能源，两个指标分别列欧盟27国的第二及第四位。此外，能源强度和能源高效利用方面，奥地利也取得了良好的成绩，人均耗电量明显低于经合组织成员国或美国的水平。奥地利还在欧盟内部除丹麦、爱尔兰、英国之外，能源强度最低的国家。

7. 奥地利系出口型经济。奥地利是个小国，作为一个开放的市场经济体，与世界上220个国家和地区有着经贸关系，其商品和服务的出口额，近年来基本保持在占国内生产总值的60%左右。2011年商品出口总额为1217.7亿欧元，同比增长11.3%，远远超过了金融危机前的最高值（2008年：1175.3亿欧元），使出口继续成为奥地利经济的领头羊。

在奥地利整个对外经贸关系中，欧盟成员国是其主要伙伴，占约70%，其中最重要的贸易伙伴德国占奥出口的31%，占奥进口的38%。除了中东欧国家外，对奥地利出口而言，海外市场和新的潜在市场（例如金砖四国和土耳其）在出口市场上也发挥着日益重要的作用。例如，2011年，奥对美出口增加28.9%，对巴西增14.7%，对俄增15.2%，对中增4%，对土增17.5%。具体说来，奥出口分布为：欧盟69.7%（整个欧洲81.4%），亚洲9.1%，美洲5.9%，非洲1.2%，太平洋地区0.6%。

8. 奥地利是通往中东欧国家的桥梁。从历史上看，奥地利与中东欧国家关系有着悠久的渊源。随着欧盟的东扩，奥地利成了最大的受益者，原来的欧盟边缘，如今成了欧盟的中心，传统关系的恢复，为奥地利企业提供着有力的竞争优势。

尽管经济危机后出现了某种衰退，但奥地利对该地区的出口与奥加入欧盟的1995年相比，仍然增加了4倍以上（目前约为180亿欧元）。奥地利在该地区的投资总额从1990年的4亿欧元，增加至目前的约

64亿欧元，占奥对外投资总额的41.7%左右。2011年约为34亿欧元。其中，奥在斯洛文尼亚、克罗地亚、波黑和塞尔维亚为第一大投资者；在罗马尼亚、保加利亚和斯洛伐克为第二大；在阿尔巴尼亚、捷克和匈牙利为第三大；在马其顿为第四大；在乌克兰为第五大；在黑山为第六大；在波兰为第九大；在俄罗斯为第十大投资者。与中东欧相比，奥在德国直接投资234亿，在美洲130亿，在亚洲77亿，在非洲10亿欧元。

（三）中奥双边经贸关系

1. 历史回顾。中奥经济合作历史悠久，硕果累累。奥方早已认识到中国作为在亚洲的贸易中心的地位，两国1956年签署了第一个非国家贸易协议，1966年在北京设立办事处。1971年5月两国正式建立外交关系，中奥经济关系得到长足发展。1967年，奥钢联将一个完整的氧气顶吹转炉炼钢厂出口我太原钢铁厂，这是奥地利承接的中方第一个大订单。1978年，奥地利两家著名企业埃林（Elin）和沃伊特（Voith）完成了湖南省河床式低水头电站的项目。与此同时，越来越多的奥地利中小企业也发现了中国的市场潜力。特别是在高科技产品，创新解决方案以及许可证销售领域，奥地利企业异常活跃。2011年，胡锦涛主席访奥期间，双方签署了关于共同在中国南通设立苏通生态园的意向书，目的在于让奥地利企业参与到生态园的规划和建设中去，并在园区开设企业或工厂。该项目将奥地利的节能环保技术与中国的制造实力及巨大市场相结合，将为两国企业和人民带来经济和环保等多方面实实在在的好处。目前，在双方的共同努力下，该项目进展顺利。

此外，诸多双边贸易协定的签订也为加强两国经济合作发挥了重要作用。自1971年以来，两国签订了投资保护协定，关于技术科学合作协定，避免双重税收协定，以及在铁路、航空和卫生领域的相关协定。从奥地利1985年正式向我国提供第一笔政府贷款起，两国间开始了财政合作。结合奥方的技术优势和我国建设的实际需要，项目主要分布在能源、重工、化工、基础设施和环保领域。此外，两国还促成20多对友城和友好省州关系、伙伴关系，1995年开通了北京到维也纳的直飞航线。2011年至2012年间，中国赴奥旅游人数每年增长36%，达35万多人，过夜数达50多万人次。

2. 目前双边经济关系。自建交以来，双边贸易额以平均每年20%的速度增长。据奥方统计，2012年达创纪录的98亿欧元，同比增长5.0%，奥方出口为30亿欧元（中方统计，2012年达67.6亿美元，2013年1—6月，达32.4亿美元，同比增长1.8%）。中国是奥地利在欧洲以外的第二大贸易伙伴。我国出口的主要商品有：纺织品、服装、粮油食品、畜产品、工艺品、有色金属等，机电产品的比重有所增加。我国进口的主要产品有：技术设备、机械、五矿、化工和轻工产品等。

奥地利是中国在欧洲重要的技术引进来源国之一。在冶金、载重汽车、铁道、城建、电力、食品和塑料工业等奥地利具有优势的领域，双方开展了多种形式的合作。除商品贸易外，投资活动对双边经济关系也特别重要。据中方统计，自1978年以来，奥地利企业在华投资项目已超过1000个，截至2013年上半年，实际投资额累计高达16.14亿美元。约800家企业已在中国市场（包括香港和澳门）设有分支机构。奥地利企业投资项目主要分布在上海、北京和南京等地，投资主要行业有电子、汽车发电机、化工等。仅2012年，奥地利对华投资项目共43个，实际投资金额达2.16亿美元，同比增长106%。除北京和中国东北的汽车制造基地外，越来越多的奥地利企业对中国中西部地区表现出浓厚兴趣，特别是在成都和重庆地区建立了数个新的中心。例如，奥地利奥特斯公司在这里投资3.5亿欧元，建立了一个新厂。这也是迄今为止奥地利在中国西部地区的最大一笔投资。与此同时，中国对外投资项目也呈上升趋势。2012年，中国对外投资总额达770亿美元，同比增长29%。奥地利作为投资区位也日益受到中方的重视。中国在奥投资项目已近20家，累计投资金额达4.82亿美元，特别是2009年以来，西安飞机工业（集团）公司收购奥地利FACC公司，中国卧龙集团收购奥地利ATB驱动技术公司，投机金额达4.8亿美元。此外，中国华为、中远、中纺、国航等公司在维也纳设立分公司。

3. 展望。中奥两国在经济上有很强的互补性，双边贸易和投资合作的潜力仍巨大。奥地利是欧洲经济发达国家，在钢铁、化工、机械制造、节能环保、可再生能源和农业等领域拥有优势，正符合当前中国走"新型工业化、信息化、城镇化、农业现代化"道路发展的需求。如今，欧元区和世界经济正逐步从危机中复苏，而中国经济也正在加快产业转型升级，中奥两国未来合作前景十分广阔。今后，奥方计划在如下领域进一步与中方加强合作：汽车工业，教育输出，工业自动化，生活方式和消费，创意产业——设计和建筑，航空航天技术，旅游体育和休闲，高新技术，再生能源和环境技术等。尽管双方在合作中仍存在一些分歧，如中方希望奥方进一步放宽技术出口限制，更加方便人员往来；奥方希中方进一步开放市场，保护知识产权，增加在奥投资，等等。但我相信，这些分歧是发展中的问题，是可以通过谈判解决的。

四、经典之魅——奥地利讲座
（西城区图书馆，2012年8月16日）

主持人：今天邀请到的老师是中国前驻奥地利大使卢永华。先介绍一下卢大使的个人简历，卢大使1946年9月22日生于山东省胶南县河西村，卢大使是正宗的山东人，非常直爽。初中毕业后1962年考入山东潍坊一中，1965年被国家教育部选拔，赴民主德国学习德语。成为文革之前最后一批留学生。1971年开始在中国驻民主德国使馆工作约15年，在前民主德国学习工作一共是20年，卢大使对德国非常了解。在德国的时候任一等秘书，亲历了德国统一和柏林墙的倒塌。1995—1998年出任驻奥地利使馆参赞，2000年8月至2007年10月份任中国驻奥地利特命全权大使。退休后曾任中国前外交官联谊会理事，国际友人研究会理事、北京市友协理事，北京国际城市论坛顾问、山东青岛市政协特邀代表等。

卢大使还出了一些书，其中有《百日总理莫德罗》、《经典之魅——奥地利》等。

卢永华：非常感谢大家这么热的天来听我介绍奥地利。非常愿意跟大家见面，愿意跟大家介绍奥地利的情况。刚才主持人也讲了，大家对外交方面很感兴趣。外交工作对很多人来说确实很神秘，深不可测，有很多猜测。主持人已经把我的个人情况介绍了一下。实际上我们算是"文化大革命"之前最后一批留学生，是1965年出国留学，当时国家经济有所恢复，对外关系也开展了。中国政府认为随着我们国家的对外开放，慢慢地需要一批外语干部，因此中央决定从应届高中毕业生中选拔一批留学生出国。当时与我们建交国家很少，能留学的基本上都是社会主义国家，因此很多人都说我们很幸运。我们出去以后基本没有受到"文化大革命"的干扰，因此学业得以正常完成。

实际上留学过程中，也有一些故事。其中有一个很重要的事件，在座年长的一些同志可能都知道莫斯科红场事件。我们1965年出国留学，1966年国内"文化大革命"开始了，如火如荼。我们国外留学生强烈呼吁中国政府召回我们，回国参加"文化大革命"。后来中央同意了我们的请求。我们当时要经过莫斯科回国，是坐火车。从北京到莫斯科五六天，在莫斯科转车到柏林再三四天，前后从北京到柏林，乘坐火车将近10天的时间。回国的时候大部分都经过莫斯科，我们留学生回国参加"文化大革命"是分期分批的。第一批回来的基本都是留学芬兰和法国的留学生。因为到了莫斯科要去瞻仰红场的列宁墓，瞻仰列宁墓像瞻仰我们北京的毛主席纪念堂一样，要排队。当时正值"文化大革命"高潮，我们的留学生也受影响。我们留学生走到列宁墓的入口处，就高声朗诵毛主席语录，念帝国主义反动派都是纸老虎。由于影响了人家的参观秩序，苏联警察就上来干预，我们留学生血气方刚，就跟警察发生了冲突，莫斯科警察、苏联警察拿警棍打了我们的人。这一打可就不得了，我们留学生就被说成是反修英雄，用担架抬回国内，国内专门派飞机去接，成了红场事件。国内老百姓群情激昂，觉得修正主义迫害我们的革命小将，北京市民连续几天围着北京的苏联大使馆游行示威。

我们回来得晚一点，1967年2月份回来的。我们也想到红场去，后来中央指示不要再去了。但是，红场事件的影响还在继续发酵。苏联人也在围着我们驻莫斯科使馆示威。当时特别寒冷，零下几十度，只见苏联人一边不断跺脚，一边呼喊口号。在这种情况下，使馆便组织我们这一批留学生协助保卫使馆。我记得还很清楚，当时正好是除夕之夜。我们在每个办公室把窗帘拉上，准备好沙袋、啤酒瓶等，防止苏联人攻击。我们感到很自豪，过了一个革命化的春节。这是我们留学期间一个很著名的事件。

在东德前后留学、工作共计20年。在那儿，我经历过中国东德关系的跌宕起伏。20世纪60年代至70年代，我们讲东德是苏联修正主义的帮凶。苏联在东德驻军40万。二战后德国作为战败国，由四国占领，苏联、美国、英国、法国。这样的情况下，东德政府要听命于苏联，领导人讲话经常反华。我作为大使翻译，遇到反华的时候要立刻告诉大使，我们大使立即要退场，以示抗议。后来随着形势的变化，苏联领导人，特别是戈尔巴乔夫，搞所谓透明度改革，要跟西方发展关系，要收缩他在海外的战线，就有意地要放弃东德。在那种情况下，东德领导人逐渐认识到苏联不可靠了，他们就提出要搞东德特色的社会主义，他们的领导人还访华，后来中国东德关系改善了。因为苏联要放弃东德，东德自己也无力支撑，整个苏联东欧发生了变化。我不仅经历了中国跟东德关系的变化，也经历了苏联东欧的剧变，经历了柏林墙的倒塌、东西德的统一。

德国统一之后，外交部又派我到奥地利。因为在世界上说德文的国家就这几个，原来是东德、西德、瑞士、奥地利。瑞士人还不是全部说德文，瑞士有60%—70%的人说德文、20%多的人说法文，还有一点点比例的人说意大利文。它处在德国、奥地利、法国、意大利这几国中间，因此瑞士人说三种语言。把我派到奥地利，先是参赞，然后是大使，2007年底回国。

刚才讲了一些外交方面的基本情况。国内很多同志并不太清楚，不太了解。甚至有一次我们大使参赞学习班上，李肇星部长还开了我们常驻香港特派员吉佩定同志的一个玩笑。李外长说，有一次吉佩定同志回老家探亲，很多亲朋好友聚在他们家。有一位长辈见了他，拍着他的肩膀说，娃子好好干，现在当了外交部的副部长，咱们将来也当个外交部的发言人。实际上外交部发言人比副部长低多了。外交部发言人就是新闻司的负责人。地区司是世界上哪个国家、哪个部门都有一部分人管着，比如亚洲司、拉美司等等。还有业务司，就是像新闻司、礼宾司等等。我们外交部的发言人就是新闻司的领导，正司长和副司长轮流担任。但是因为出镜多，老百姓认为他们的官职就很高，因此吉佩定同志的长辈说，让他将来混个外交部发言人当当。

驻外使馆的内部设置如何呢？各国通常的设置是这样，驻外使领馆当中最低的一层是工作人员，持蓝皮护照，例如我们驻外使馆的厨师、司机、招待员、公务员、理发员等等，他们拿的蓝皮护照，不属于外交官；外交官系列中最低的是随员，然后是三等秘书、二等秘书、一等秘书，一等秘书以上是参赞。使馆各个处室，它们的负责人基本都是参赞，文化、教育、科技参赞，还有武馆，等等。参赞以上还有一级外交官叫公使衔参赞，再往上一级是公使，公使上面是大使。但是大使一个国家就一个，公使可以好几个，公使衔参赞也可以有好多。这是一个使馆的结构。

驻外使馆叫大使馆，实际上有的同志开玩笑说大使馆就是大使的馆，就是为大使设的馆。我们民间很多说法不太准确，例如我，有人说是中国驻奥地利大使馆大使，不对，我是中国驻奥地利大使。一个大使，就是这个国家在驻在国的最高行政长官。例如，我的国书是江泽民主席签署的。我就是江泽民主席的代表，现在的大使就是习近平主席的代表。不管我们国家什么代表团，部长也好、省长也好，从理论上讲，你到这个国家访问必须向大使汇报，向大使汇报等于向国家领导人汇报。大使是代表国家行使权力的。

我出版了一本画册，其中有我的国书影印件，是江泽民主席签字。所谓国书，说白了就是一封介绍信，国家领导人给我写的一封介绍信，向对方政府介绍我国现在任命卢永华先生代表我,作为我们的大使。我赴任后就向驻在国领导人递交国书。仪式完成以后,我就可以作为中国常驻奥地利的最高行政长官,大使出去进行公务活动,汽车都插国旗的,其他人没有这个权利。其他人都是大使的秘书,通过各个方面来做工作。

现在介绍一下使馆的工作。先说各国的驻外使馆,大小不一样。世界上将近200个国家,跟我们建交的有一百七八十个,跟台湾"建交"的有将近十几个,都是小的岛屿、小国。我们在所有建交国家当中都设有使馆,为什么?可能从经济上来说,有一些小国可能意义不大。但是政治意义很大,因为在联合国、在国际组织当中,不管国家大小,每个国家都有一票。跟我们建交的国家我们都要派一个使馆,派一些人守着,因为我们大陆和台湾互相挖墙脚很厉害,我们想把跟台湾"建交"的国家拉过来,他们想把我们的拉过去。为了防止台湾挖我们的墙脚,因此我们在所有建交国家都设使馆。刚才讲了,使馆分大小,像驻美国、欧盟,新兴国家等等,这些国家的使馆,都比较大。当然每个使馆都有编制。有一些驻中小国家的使馆,就三四十人,也有的十来个人,有的特殊情况,有时就一个人在那儿守着。

我们驻外使馆,每个使馆都有电台,随时直接跟国内联系。我们驻外使领馆所有信息都集中收集,然后翻译出来,根据各个部门、根据需要、根据等级分送到各个地方。驻外使馆究竟干什么?这么多人,上百人或者几十个人。概括起来,一个使领馆,中国和外国的大使馆任务都差不多。首先,最普遍的一项任务叫作"中央耳目"。我们驻外使领馆是我们党和国家的耳目,外国驻华使馆是他们政府的耳目。所谓耳目就要做到耳清目明,就是要熟悉驻在国家的情况,大事小事随时向国内汇报,供国内、中央决策参考。也就是搞情报工作。这是使馆的常态工作。一年四季365天这是最重要的一项工作。

怎么做这项工作呢?第一,最主要的,公开材料。报纸、杂志、电台、电视台。大家可能不知道,通过公开的材料,很多的事情,这个国家的很多情况都能够反映出来。例如经济形势,每天的报道,每年的年报，每个国家都要发布很多数字，经济增长了还是降低了，人均GDP是多少，消费是多少，通货膨胀率是多少，失业率多少，等等。通过公开数据的收集，进行比较，跟踪收集以后进行比较，就是毛主席讲的去伪存真。通过这些数字并且连续跟踪就能看出这个国家的经济状况是向好，还是在恶化。经济当中存在什么问题，采取什么措施，等等。政局也是这样。各个党派的主张斗争，等等。

第二，通过与驻在国部门的联系，跟相关部门打交道、交朋友。中央要求我们交的朋友要越高越好，了解的情况越深越好。再一个跟当地老百姓接触。你看外国驻华使馆外交官，经常骑着自行车走街串巷，到处串，他们就是要了解情况。到底发生了什么事，影响有多大，等等。

再一个渠道是跟使团联系。外国驻同一国的使馆人员也是你请我，我请你，请客是为了交换情况和看法。一旦发生情况，你对这个怎么看，我对这个怎么看，会有什么后果，怎么应付？就是通过各种渠道，并且通过各个部门，一个使馆那么多部门，通过他们各自的关系，政治的、经济的、文化的、科技的、军事的，等等。驻在国的情况、驻在地区的情况，甚至对全世界发生的大事，对世界的形势有什么看法，然后就是综合分析，写报告，向国内报告。为什么中央决策这么英明、这么正确，就是根据我们派到第一线的使馆报回来的材料，中央在这个基础之上做出决策。驻外使领馆的常态的任务就是充当中央耳目，经常写报告，跟踪形势。这是使馆的第一项任务。

第二项任务，就是发展双边关系。这点不多讲，大家很容易理解。经商处负责促进双方经贸关系的发展，文化、科技、教育、军事等处室分别推动相应关系的发展。

第三项工作是接待大量团组。奥地利是很漂亮的国家。我们一年接待省部级以上代表团就一百多，还别说级别较低的，就更多了。接待这些代表团，要陪同会见、会谈，有时候参观访问也要陪同。有些高层的访问甚至要准备一年、半年。国内准备，我们前方使馆也要准备。国内主要是政治方面的准备，会谈材料的准备。跟总统谈什么，跟总理谈什么，这些都要详细准备。各地宴会上讲话，签字，都是一套材料。我们前方使领馆主要负责安全，具体下榻哪个饭店，条件怎样，环境怎样，都要进行交涉。有一些生活条件、生活方面的要求等等。对景点，访问之前还要派先遣组去，中央警卫局的先去踩点，基本要做到万无一失。使馆就那几十个人，有的大的重要代表团一个使馆都应付不了，向周围使馆借，有时候还从国内增派人手。接待代表团的任务非常之重。这是第三项任务。

第四项任务，事关我们国家的核心利益进行交涉。所谓对主权、领土等这些问题进行交涉。在欧洲这些国家，因为意识形态和社会制度不一样，虽然双边关系总体来说还是不错的，但还是有一些具体问题，包括台湾、西藏、人权、法轮功等问题。遇到这些问题不用请示，马上交涉。台湾问题，现在稍微好一点了，以前比较严重，尤其是陈水扁执政时期，台独。凡是哪儿发现台湾的伪称，凡是国际活动出现这样的名称，要马上交涉，要力争打掉，凡是我国参加的活动不能出现两个中国，不能出现伪歌。如果对方坚持，我们坚决撤出，这个没有回旋余地，因为它涉及我们主权领土的完整，台湾问题一定要交涉。

西藏问题，主要是达赖喇嘛，现在西方对西藏是中国领土的一部分基本不持异议，他也不敢说西藏是一个独立的国家。现在我们跟西方领导人，西方国家争论的焦点就是对达赖的看法。我们讲达赖是披着宗教外衣的分裂主义者。西方说达赖是个精神领袖，是诺贝尔和平奖的获得者，他们说他们对西藏的地位不持异议。双方交涉多了，对方知道我们的观点，我们也知道对方会如何表态的。但是斗争还是要斗争。而且达赖在西方还是有一定影响的。在欧洲藏人最多的地方是瑞士，有几千个西藏人。那是1959年西藏发生叛乱以后，很多藏族人跑到印度去，后来瑞士议会做出决定，支持他们，并且同意收留藏人，于是很多藏人跑到瑞士去了。因此在欧洲藏人比较集中的地方是瑞士的苏黎世，有几千人。因为在欧洲，大部分人都信仰基督教、天主教，而天主教经常暴出一些丑闻。因此达赖披着宗教外衣在那儿讲藏传佛教，对老百姓有一些诱惑。另外达赖又得过诺贝尔和平奖。因此外国领导人为了拉选票，千方百计要见达赖。见了达赖了，老百姓觉得这个领导人好，不怕压力。因此西方的政治家对达赖情有独钟。

为什么我对达赖有一定了解呢，就是因为达赖跟奥地利有一种特殊关系。为什么？达赖的英文老师是奥地利人。他的英文老师叫哈勒，老头90多岁了，前几年刚去世。哈勒曾经是个登山队员，受过希特勒的接见，接受过勋章。德国人宣称德意志民族优越，雅利安人种很优越，并且说跟亚洲有关系，因此派考察团考察西藏。哈雷尔在来西藏途中，在英国所占领的印度被俘虏了。二战期间英国、美国是同盟国，希特勒德国派来的考察团被扣押，在印度把他们关在集中营里。几年之后，哈勒想办法从英国俘虏营跑到西藏去了，当时达赖十几岁。他结识了年轻的达赖，教他英文，跟达赖结成了忘年交。西方拿西藏问题说事，给我们施压，是1989年事件之后，之前没有这么突出。因为1989年之前中国改革开放进行了一段时间，西方误认为中国可能在向资本主义转化。但是事件以后，我们采取了坚决措施，平息了风波。西方对中国和平演变的幻想破灭，认为中国短时间内和平演变不了，因此翻出西藏问题给我们施压，千方百计抬高达赖喇嘛。从1989年起，达赖经常到奥地利，借着看他的老师搞一些加引号活动。因此每次出现达赖喇嘛的事，我们都要交涉。

人权问题就不需要多说了，涉及人权问题都要交涉。再就是法轮功问题。欧洲、北美法轮功分子很多。国内现在我们采取一些措施，法轮功的影响基本上已经没有了。但是国际上，西方特别是美国，千方百计要整中国，他不希望有一个国家跟他水平接近，稍微接近一点，他就认为是挑战，心里不舒服。因此千方百计，从政治上、经济上、文化上、军事上等各个方面在给中国施压。军事上在中国周边设棋布子，全方位围堵中国，经济上也好、其他方面也好，从思想意识形态上也是这样。

前几年，西方支持民运，现在民运分子在国际上影响越来越小，于是就突出支持法轮功。奥地利的法轮功或者欧洲的法轮功有华人华侨，也有外国人。外国人对法轮功到底是什么也不太清楚，大部分是出于意识形态的考虑。奥地利的法轮功分子大约就是几百人，每个星期四晚上总有七八个人准点在使馆门口静坐示威，打着横幅标语。他们盘腿打坐，前面点着蜡烛，旁边摆着照片，说是被中国政府迫害致死的法轮功分子。还有几个人站在那里散发传单，几个小时以后撤离。有的时候他们的做法很讨厌，只要他们看到国内代表团出去，他们就追上去死缠着给代表团人员塞传单。我们领导人去访问，他们消息很灵通，会集合欧洲，甚至全世界的法轮功分子，穿着黄马甲，沿途去闹事。我们驻外使领馆遇到这样的事要进行斗争。遇到重要代表团访问，要跟对方交涉，要求对方采取一切措施。

另外，我们也组织支持我们政府的留学生、华侨华人欢迎队伍，气势上压倒他们。这些斗争非常尖锐激烈，交涉是一个使馆重要的任务。

再一项任务，胡锦涛主席任职以后特别强调，要执政为民、外交为民，维护海外华侨华人的合法权益。例如，我们海外华侨华人被欺压、被打了，船被扣了，或者发生自然灾害我们人员伤亡了，等等。作为使馆，为了维护我们公民的合法权益，要第一时间出现。有些事件也是我们自己造成的。我们有些国人为了自己的利益，有时候无视国际上的法律法规，也容易引起争端。比如捕鱼，沿海没有了，就去公海，甚至其他国家领海，结果经常发生一些渔船被扣。因此，我们一直教育海外的华侨华人守法。另外要多做一些善事，自己挣了钱要为当地老百姓多做一些好事，要多结善缘。

讲到这儿，所谓华侨华人，华侨就是在海外仍然持着我国的护照，是我们的公民。到了海外，不持我国护照而加入外国籍了，是华人。我们国家的政策是不承认双重国籍。你如果加入外国籍，必须放弃中国国籍。有好多国家现在是承认双重国籍，但是我们国家不承认。为什么？可能也是20世纪50年代的教训。据说当时特别是印尼那边，印尼共产党闹得很厉害，我们很多华侨华人卷进去了，印尼政府后来搞过反华、排华，把很多华侨华人赶出印尼。我们海南岛很多国有农场，就是为印尼归侨设立的。当时之所以驱赶华侨华人，理由是中国政府通过华侨华人反对印尼。后来中央决定不支持双重国籍，在哪个国家就是哪个国家的人，应该遵守当地的法规。但是很多华人即使持着某国护照，人家某国人也不把你当作本国人。有的人主要是为了生活工作方便，加入外国籍可以享受当地很多的福利。比如奥地利，加入奥地利籍了，出国不用签证了。但是也有人投机取巧，回国持着我们的护照，出去持着奥地利的护照，我们知道了就要劝他，如果加入当地国籍了，就要撤销中国国籍。

作为使馆的另一个主要任务就是内部管理、带好队伍。30多人，这个队伍要带好。周恩来总理给我们外交人员定的性质叫"文装解放军"，不穿军装的解放军，指到哪儿打到哪儿，完全忠于祖国、忠于人民。对外交人员基本要求提出了十六字方针，那就是"站稳立场，熟悉业务，掌握政策，遵守纪律"。因为国际上确实比较复杂，特别强调驻外人员出去要二人同行，因为出去以后如果发生事情，还有一个人可以报信。

我讲一个真实的故事。冷战时期，东西方还是分裂的时候，东西德还没有统一，柏林还分成两个部分，分东柏林、西柏林。西柏林有些银行可以持有东欧国家的货币，就是拿着东欧的钱像卢布、马克等等，可以到西柏林兑换外汇；或者拿着外汇可以到那儿兑换东欧的货币。那么他们的货币是哪儿来的呢？因为当时，苏联东欧这些国家的外汇都非常缺乏。好多企业为了发展经济需要外汇，没有外汇怎么办？他们的企业就弄了很多当地的货币，像苏联的企业拿了很多卢布，弄到西方黑市兑换外汇，然后进口一些先进设备，进口一些他们需要的东西。相反，拿着外汇也可以到那儿按照黑市比价，兑换东欧国家的货币。我们使馆，驻东欧国家的使馆，待遇很低，有时拿着外汇换点当地的货币在那儿生活。有一次，我们某国使馆的一个年轻外交官到东柏林来，换了钱以后准备返回使馆。走到半路上，他和司机要住店，一般使馆要求两个人要住在同一个房间里。但是人家说没有双人房间了，只有单人间。没办法天黑了，于是就住下了，一个人一个房间。我们那位年轻人放下行李就去喝啤酒了。等他返回房间，发现一个金发女郎，完全裸体地躺在床上，床上弄得非常凌乱。这时候，忽然闯进几个当地特工人员，"啪啪"照了一通相，然后要求合作，不合作要么把照片寄给中国使馆,要么在路上制造车祸让他回不了使馆。这种情况之下,好汉不吃眼前亏,小伙子答应了,跟他们合作,签了协议,并且把使馆的情况简单介绍了一下。后来,把他放回去了。小伙子回到使馆立即向领导如实报告,使馆经过研究以后马上派专人护送小伙子回国了。这是真事。这种事情并不少见。

随着我国改革开放和经济的发展,外交人员的待遇,从"文化大革命"一直到现在也进行过很多改革。新中国成立初期,因为建交的国家少,派出去的外交部人员也少,因此待遇比较高。除了自己还可以带孩子、夫人,甚至父母都可以带出去。后来外交人员自己主动提出来要降低待遇,后来减了一些。"文化大革命"期间,夫人、孩子都不让带了。相当一段时间我们开玩笑说,驻外使馆都成了和尚庙,都是男的。当然西方说什么的都有,其中能说出来的原因就是中国政府怕外交官叛逃,因此把老婆、孩子扣在国内当人质,实际上还是经济问题,没有那么多外汇,养不起那么多人。

后来待遇逐渐提高了,先是国内工资照发,国外发一部分零花钱。国内老百姓不了解情况,说外交官拿双份工资。后来随着我们国家经济的发展,改革开放也惠及了外交官,收入明显提高。我是2007年底回来的,大幅度提高工资,我们赶上了一年多。驻外人员付出巨大,风险很大,而且生活非常单调,甚至是"妻离子散"。我父母去世我都不在身边,我跟我的孩子20多年不在一起。可能大家还不知道,外交部的子女违法犯罪事件的也不在少数。为什么会出现这种情况?就是父母长期跟孩子分离,觉得亏欠孩子,就给孩子物质方面补偿,多给他一些钱。孩子能把握住还好,把握不住、交不好的朋友就会出问题。

随着我们经济发展,中央的关心,政策更加人性化,驻外人员待遇普遍提高了,子女可以带,夫人可以带,子女可以在那儿安排上学。外交方面的大体情况就是这样。

我是1995年到奥地利去的,当了三年多的政务参赞,然后回国在外交部工作。我们外交人员一般一任是4年,在国外使领馆工作4年,回来在外交部待几年，就是来回轮换。小语种比较局限，比如德文，就是在德语国家转，德国、瑞士、奥地利。大语种就是全世界转，一会儿非洲、一会儿美国、一会儿英国，就是法文、英文的这些干部。现在外交部的干部管理慢慢规范了，年轻的先到艰苦地区去，先到非洲国家使馆。这几年，非洲艰苦地区待遇也提高了。如果在非洲国家使馆工作，除了正常的工资之外还有战乱补贴。像打仗的地方，伊拉克、叙利亚这些打仗的地区，需要冒生命危险的，有艰苦地区补贴、战乱地区补贴。非洲一些使馆，有的同志回来说像当年我们干校的条件差不多。

我是 2000 年到 2007 年在奥地利当大使，特命全权大使。实际上权力不大，对外叫特命全权，但是授权有限，遇事要请示汇报。遇到重大问题表态，遇到重大事件处理，有的时候要国内限期答复。联合国大会、安理会开会，很多事情是不能拖延的。

在奥地利当大使，奥地利是一个非常漂亮的国家，并且历史悠久。奥地利在历史上曾经辉煌过。历史上出现过德意志民族神圣罗马帝国，历任帝国国王大都出自奥地利哈布斯堡家族。有几个节点给大家介绍一下。

一个是公元 996 年，历史记载首次提到了奥地利。再一个节点就是 1278 年起，奥地利巴本王朝和哈布斯堡王朝统治 600 多年。期间有几个名人，其中有一个是奥地利女皇玛丽亚·特蕾西亚，1740 年继任，1780 年去世。因为她父亲没有儿子，都是女儿，他就把女儿推出来当皇帝。这个女人很厉害，她生了 16 个孩子。大家可能看过书，拿破仑与夫人关系很好，就是不能生孩子，他听说奥地利人能生孩子，所以找了一个奥地利夫人。这个奥地利女皇生了 16 个孩子，其中 12 个是女儿，欧洲当时流行政治联姻。她的女儿有的远嫁到墨西哥、西班牙、法国，她号称是"欧洲丈母娘"。奥地利是一个小国，但影响力很大，因为女婿是要听丈母娘的。同时，女皇在政治上、教育上、行政管理等各个方面进行了很多改革，因此她很有威望，奥地利人都非常尊敬她，到处挂着她的照片。

再一个就是西西公主。她是德国南方的巴伐利亚人,西西公主的母亲跟奥地利皇帝的母亲是姊妹,后来阴差阳错西西公主嫁给了奥地利的皇帝约瑟夫。大家看电影应该很有印象,她虽然是贵族,但是在农村无拘无束,也年轻漂亮,本来她姨妈是希望西西公主的姐姐嫁给约瑟夫,后来相亲的时候,她的姐姐有事耽误了,西西公主先出来接待,两个人一见钟情。约瑟夫说他非西西公主不娶,西西公主说她非约瑟夫不嫁,成亲以后两个人关系非常好。但是西西公主嫁到皇家以后,对皇家的规矩非常不适应,拘束太多。后来她的姨妈对她非常不满意,甚至连她生的孩子都不让她自己带。说你疯疯癫癫的样子肯定带不出好孩子来,所以孩子让其他人带着。西西公主和婆婆发生矛盾时,约瑟夫一定站在妈妈这边,因此两个人的关系也不那么和谐了。

西西公主有一个儿子叫鲁道夫,因为政治联姻娶了一个比利时的公主,但他自己不满意,就找了一个女朋友。由于种种原因,年轻的鲁道夫和他的女朋友在维也纳近郊的一个叫作麦野岭的地方自杀了。他是西西公主唯一的儿子,他的死对西西公主打击很大。后来由于夫妻关系不好、婆媳关系紧张,西西公主便在一个老仆人陪伴下周游列国。1898年9月10日,她在日内瓦湖畔遇到一个意大利无政府主义分子,遇刺身亡了,终年61岁。其实,这名意大利人也不知道她是西西公主,主要就是要制造事端。因此有人将西西公主比作戴安娜,说自古红颜多薄命,漂亮女人没有好下场。西西公主在奥地利也很受爱戴,影响也很大,到处都有西西公主的画像。

说到奥地利的历史,还要讲到两点。一是两次世界大战都跟奥地利有关。第一次1914年,奥地利的王储费迪南大公,在萨拉热窝遇刺身亡,引起了第一次世界大战。第二次世界大战也跟奥地利有关系,希特勒是奥地利人。很多人都不知道,以为希特勒是德国人。其实希特勒是奥地利人,出生于德国和奥地利交界的地方,一条河边靠奥地利一侧。由于希特勒是战争罪犯,奥地利很多人不承认希特勒是奥地利人。还有人开玩笑说,希特勒到德国学坏了,贝多芬到奥地利学好了。

1945年德国战败,希特勒被打败,德国被四国占领,奥地利包括首都维也纳也被四国占领。当时,苏联曾经一度想把奥地利也变成像东德一样,完全成为他的势力范围。最后双方达成妥协,奥地利宣布永久中立,四国撤军。因此奥地利虽然现在是欧盟成员国,但是没有加入北约,还是一个中立国家。

奥地利是个小国,维也纳人口一百多万,但是它在世界上却很有影响。很多国家在那儿有好几个大使,我们国家同时有两个大使在那儿。我是负责中国和奥地利双边关系的。另外,维也纳还有很多联合国机构。据说,这些联合国机构,还是瓦尔德海姆担任联合国秘书长时拉到维也纳的。瓦尔德海姆认为,奥地利是一个中立国,小国,军事上没有什么力量,如果联合国机构设在那儿,任何国家就不敢侵犯他了。20世纪70年代,奥地利政府在多瑙河畔修建了联合国城,象征性地以每年1个先令的租金租给联合国使用。我们常驻联合国机构代表团团长也是大使衔。

例如,联合国工业发展组织,国际原子能组织,国际禁毒组织,等等,都在维也纳。欧安组织和石油输出国组织总部也在那儿。维也纳风景好、空气好、生活比较安定,联合国机构才愿意设在那儿。正是因为有这么多国际机构在那儿,因此人们讲,维也纳是世界上重要的间谍中心。为什么?这么多外国机构在那儿,工作很方便。另外奥地利首都维也纳是距离东欧最近的地方,不到一小时车程。人们开玩笑说,当年,苏联东欧国家的一些年轻情报人员先到奥地利实习,一旦东窗事发,脚底抹油一溜烟就跑了。因此奥地利很多咖啡馆,人们猜测说是间谍活动的地方。并且奥地利法律规定,明确讲一条,凡是不涉及奥地利自己国家的利益,其他事一概不管。这就大大方便了情报人员的活动。美国、俄罗斯驻奥使馆都有好几百人。那么一个小国,派那么多人在那儿究竟干什么呢。

奥地利历史上出过很多名人、音乐之乡,维也纳是音乐之都,很多音乐家,像莫扎特、舒伯特、施特劳斯,等等,都曾经在那里工作过。为什么呢?我曾经同奥地利朋友探讨过,为什么奥地利是音乐之乡,很多世界级音乐大师聚集在这儿?他们说欧洲历史上,各个国家都有不同的传统，比如英国有赛马、宫廷贵族的生活等等。奥地利王室就喜欢音乐、喜欢作曲、弹乐器、指挥等等，他们的皇宫里有乐队。当时的音乐大师远不像现在这么风光，他们多是为了挣钱养家糊口，因此纷纷涌到奥地利，去到那里谋职。因此音乐迅速发展，在世界上就著名了。当时，很多音乐大师，包括国外的音乐大师贝多芬、李斯特，等等，都纷纷来到维也纳，奥地利是比较开放的国家，因此音乐比较出名。

奥地利经过历史上多次变迁，越来越小了。从神圣罗马帝国那么一个国家，后来 1866 年跟普鲁士打仗，普鲁士把奥地利打败，并把奥地利开除出德意志联盟，普鲁士把德国统一。奥地利和匈牙利和解，成立了奥匈帝国，"一战"后也解体了。历经变化，奥地利的领土越来越小，它的很多经济命脉被切断。这种情况下，它能适应变化，重新建立起自己的一套经济体系是很不容易的。现在它是属于世界上高度发达工业国，人均 GDP 四五千欧元，相当于我们好几倍。他们的经济很有特色，一个是冶金工业、钢铁工业。希特勒是奥地利人，二战时期他把奥地利吞并之后，1938 年到 1945 年奥地利不存在，希特勒把很多冶金工业转移到奥地利，制造飞机大炮、坦克，因此奥地利冶金工业很发达。德国很多汽车发动机都是奥地利生产的。他们号称能够生产长的钢轨，一百多米，钢轨越长，接缝越少，就越稳当，只有高水平的钢铁厂才能生产长轨，奥地利就是能生产这种长轨的国家。奥地利山多，阿尔卑斯山横贯，白雪皑皑，他们的缆车很发达，我们国内很多缆车都是由奥地利生产的。滑雪和冬季体育运动都很发达，据说普京总统冬天就到奥地利滑雪。

奥地利生产的发电设备很有特色，小规模的，除了一般的发电机机组外，还有低水头发电。这种设备适应中小型发电厂，他们的机组不是立式的，而是卧式的，水源稍微有一点落差就能发电。另外大家所熟悉的施华洛世奇，水晶玻璃，原来是捷克的波希米亚的，后来经过奥地利人的改造，所谓水晶就是人造玻璃，里头加了好多铅，所以它能闪闪发光。奥地利的切割技术比捷克的水晶玻璃质量更高。但是有一点，捷克的水晶玻璃能够做酒具，奥地利的不能做酒具，只能做饰品。

奥地利旅游业很发达，旅游是它很重要的支柱产业。除了星级酒店，个人旅游，各方面都很发达。风景非常漂亮，到处都像油画一样，并且一年四季都是景。奥地利人口800多万，国土8万多平方公里，人口不到北京市的一半，一年接待旅游者却达几千万。人们普遍反映，奥地利的点心好，维也纳的点心非常出名，但是我们可能不太适应，太甜。他们的点心过去专门供应宫廷。他们的咖啡好。据说土耳其曾经攻打过维也纳，两次没有攻下来，撤退以后留下很多咖啡豆。奥军将这些咖啡豆奖励给了作战有功人员。奥地利自己不产咖啡，但是制作工艺非常好，他们说星巴克的咖啡根本不叫咖啡。另外，奥地利的葡萄酒好，红葡萄的和白葡萄的都有。我们国内有的人说冰葡萄酒是加拿大人发明的，但是奥地利人说是他们发明的，是奥地利人二战期间跑到加拿大发明的。冰葡萄酒非常醇香，但非常甜。奥地利跟德国一样，烤肘子也非常出名。跟德国人相比，奥地利人会享受生活。他们开玩笑说，德国人活着是为了干活，奥地利人干活是为了活着。他们比较浪漫，不那么浮躁，确定的目标不是很高，不想成为亿万富翁，或者成为什么家。你去问有些小青年，当老师、当售货员都是很普遍的。他们会享受生活，一年四季都有音乐节，有一本书说奥地利整个空气里都飘着音符。每年夏天，全国各地都举办各种音乐节，西部博登湖畔的布雷根茨古典音乐、萨尔茨堡的莫扎特音乐节、维也纳音乐节、东部莫比什湖的轻歌剧节，等等。世界各国旅游者纷至沓来，以饱耳福。每年年初，奥地利全国跳舞。因为那个地方，冬季白天短、晚上长，没什么事可干，于是各行各业组织跳舞，军队、警察、咖啡协会、工人协会等等，组织跳舞，实际是一种联谊活动。那个时候，我们收到的邀请不计其数，女人跳舞从早跳到晚，有的说一天能跳破一双鞋。享受生活，心情好，空气也好。

奥地利历史上也曾经发生过污染，但是治理得非常好。奥地利森林覆盖率达一半以上，几乎没有裸露的土地，全国就是一个大氧吧。

东部温泉遍地，萨尔茨堡周围湖泊连成片，湖水清澈见底，能达到饮用水标准。他们的淡水是很重要的战略资源，能供应4亿人口饮水。他们要出口淡水，以后淡水可能跟石油一样金贵了。奥地利社会保障制度比较完善，非常安逸，社会也比较安定。他们对贫困人口、弱势群体的照顾，福利比我们好得多。他们重视二次分配，实行纳税累进制，挣钱越多缴税越高，总统一个月挣2万欧元要交50%的税。抑富济贫，对弱势群体非常照顾，完全是一个福利国家。当然这样的制度也可能培养懒汉，有的人也钻空子，一边领着失业救济金，一边还在打工。战后，奥地利建立了一套社会矛盾调节机制，每年年底、年初，资本家协会、工人协会、农民协会、政府代表在一起商讨下一年的经济指标，经济增长多少，工资增长多少，等等。最后达成协议，各方按照协议办。因此，奥地利是世界上罢工最少的国家。社会比较和谐，基本上没有那么多的防盗窗。国外人家大都没有栅栏，也没有围墙，出国旅游之前跟邻居一交代就走人。这个国家大多数信仰基督教、天主教，他们提倡宽容、良性竞争。

社会上流传着这样一个笑话，说邻居有10只羊，我自己有5只羊，东欧国家人嫉妒心很强，恨不得让邻居家的羊死掉5只，那样就跟我一样了。而奥地利人想，你有10只羊，我争取有15只，超过你，是良性竞争。人家的商店里，我们去买东西，如果是仿制品，店主大都会告诉你的，很讲诚信。

总而言之，奥地利这个国家漂亮、历史悠久、民风淳朴，值得大家去看一看。今天我讲的就到这儿，谢谢大家！

（回答问题）维也纳金色大厅是19世纪修建的一个音乐演奏厅，设计非常有特点，音响效果非常好。它呈长方形，上面顶棚是悬空的，下面是个乐器仓库，音响效果非常好。维也纳金色大厅一共有2000多个座位，300多张站票，每年元旦很多人乘着飞机专门去听新年音乐会。2000多个座位怎么卖票呢？据说，新年音乐会刚结束就开始征订第二年的。世界各国的乐迷通过电子邮件、电话传真等各种方式订票，订票人数远远超过座位数。怎么办呢？售票部门就从这些订票人中抓阄,抓着谁谁才有权买票。正是有了金色大厅,我们文艺界的人也经常去演出。

按规定,驻外大使一年至少可以回国一次,叫休假、述职。如果遇到国事访问,总统总理来访,大使还可能回国陪同访问。如果遇到召开专门会议,研究专门问题,有关国家大使也可能要回国参会。

关于柏林墙的倒塌。二战之后,德国战败,被四国占领。英、美、法占领区合并成立了西德,苏联占领区就是东德。柏林也分了四份,四国占领。后来三国那边合并成了西柏林,苏联这边是东柏林。据说柏林是苏联红军打下来的,而德国东部一部分被西方占领,如大家所熟悉的易北河会师。斯大林就跟西方讨价还价,想让西方退回去,交换条件是将柏林分给西方一半,因为柏林政治上有象征意义。柏林原来都是开放的,有的人在东柏林住,在西柏林工作;有的在西柏林住,在东柏林工作。但是随着形势的变化,东西方关系日趋紧张。西方千方百计把西柏林当成窗口,另外绞尽脑汁挖东柏林的墙脚,很多工程技术人员和资金等大量流向西柏林。这种情况之下,苏联为首的华沙条约决定建立柏林墙,把西柏林围起来。1961年8月13号,一夜之间用铁丝网,一百多公里,整个把西柏林围起来,后来铁丝网被水泥墙代替,成了真正的边界。另外铁丝网有自动设计装置,谁要逃跑能开枪,有的成功翻墙逃脱,有的被当场击毙。

当时,由于生活条件东德不如西德,政治方面东德控制也很严,所以有很多人千方百计逃离东德。据说有人躲到西德人的汽车后备厢里,有的从东柏林挖地道,有的乘坐热气球,有的从北边海上往西德跑。如果他们一旦被东德当局抓住,西德政府就花钱赎出他们。一直到1989年,东德局势动荡,国内呼吁德国统一的浪潮日渐高涨。在这种情况下,东德当局不得不顺应民心,在1989年11月9号,决定开放柏林墙。当天晚上,我跑到距离使馆较近的一个东柏林关卡——鲍霍尔姆大街关卡,亲历了那令人感动和难忘的时刻。我看到,人们像潮水般涌到西柏林去。不管男女老少,认识不认识,个个热泪盈眶,欢呼跳跃,见人就拥抱。西柏林人为了欢迎东柏林人,向每个人发所谓欢迎费,还准备了巧克力、香蕉。

东德消亡的原因很多,其中主要原因还是苏联放弃了。刚才讲到苏联在那儿驻军40多万,如果苏联不同意,西德肯定不敢动。但是戈尔巴乔夫上台以后,要收缩阵线。当时美国搞星球大战,苏联也跟人家竞争,但是苏联国力不行,竞争不过美国,经济也被拖垮了。戈尔巴乔夫决定从阿富汗撤军,往回收缩。东德实际上也是苏联的一个包袱,他也不想管了。当时科尔总理,抓住时机,以防夜长梦多,一夜之间把东德马克换成西德马克。大批汽车将西德马克运到东德来,规定一定数量按照1:1,超数量的按照2:1,让东德人兑换。很多经济学家反对,说这样做会把西德经济拖垮,但是科尔总理始终坚持,为了实现统一。统一之后,西德为了扶持东德,每年还要拿出一千多亿马克。因为合并以后,东德很多企业垮了要救济,拖了西德后腿很多年。金融危机之前刚缓过来,现在又遇到金融危机。

问:那时候苏联撤军了吗?

答:还没有。后来双方谈条件,苏联说我的军队要安置,要吃住,要转行培训,于是德国人为了赢得苏联人尽快撤军,也赔了几百亿。

问:那时候咱们国内什么态度?

答:我们国内因为有台湾问题,从理论上、口号上我们一直是支持德国统一的。而其他西方国家都不支持。尤其法国、英国特别不支持,因为历史上德国一统一,强大了就要发动战争,他们害怕。另外英国、法国说德国是被占领国,而我们是战胜国,政治上高你一头。我们当时讲,德国是政治上的矮子,经济上的巨人。因此德国统一之后曾经发生过争论,究竟是德国的欧洲,还是欧洲的德国,就是说德国控制欧洲还是欧洲能够制约德国。后来德国从大局出发,自我约束,跟其他国家化解矛盾,欧洲统一。我们是支持统一的,实际上从我们内心来说最好社会主义把西德统一了。

问:咱们国内很多歌唱家都哭着喊着要到奥地利举办演唱会,请您讲讲他们的实际水平到底怎么样,在国际上他们能占到地位?还有一种民间说法,他们在那儿举办音乐会,都是由使馆往外赠票,现在很多人都不愿意要了,使馆非常为难,给国内打报告说这种水平的演唱会最好别办了,办了对咱们使馆是一个非常大的负担。

答:奥地利是音乐之乡,维也纳是音乐之都,享誉世界。从西方音乐来说,具有一定艺术水准的艺术团体才能到金色大厅去。金色大厅就像中山堂似的,是一个演出场地。只要有档期,谁花钱都可以租。租金还不是很高,一晚上大约2万欧元,20万人民币左右。1998年,我们最早去的是中国民乐团。后来,宋祖英、谭晶等人都在维也纳金色大厅举办过演唱会,由当地文化中介联系安排,我们使馆进行协助。

我们去的艺术家,多数都不是商演,而是为了扩大影响,宣传我们中华文化。票由我们使馆帮助,组织当地的朋友、政府官员、使团、华侨华人观看。宋祖英演出不错,反响很大,谭晶的演出也不错。后来李双江带着军艺的红星乐团去了,奥地利军队也参加演出,反映也不错。再后来就有些乱了,包括有些青少年也去,形成了自娱自乐。有些学校组织去欧洲旅游,可能学校出一部分钱,个人出一部分钱,租用金色大厅作为场地,白天没什么人的时候在那儿演奏,下面没有观众,自娱自乐。各个省市也去,有唱歌唱戏的,有演奏的。水平参差不齐,比较混乱。当然我们使馆也向国内反映过,因为这些团体出国都要经过文化部批准,呼吁派一些水平比较高的去演出。但是,客观地说,应该肯定多数演出对宣传中华文化是做出了贡献的。中国人进入金色大厅,在金色大厅高唱我爱中华,确实影响很大,对华侨华人也是一个鼓舞。

问:您每年都去金色大厅吗?

答:我们驻奥地利的双边大使都有一个金卡,按说全年都可以去听。每年新年音乐会都在年前有2次彩排,我们看过彩排和正式演出,非常精彩。这几年,有越来越多的中国人也专门乘飞机去听维也纳新年音乐会。

主持人:时间不早了,非常感谢卢大使介绍这么多外交方面的知识,包括奥地利鲜为人知的故事。讲座到此结束。

鸣谢：
外交部老干部笔会
青岛聚大洋藻业集团有限公司